三联生活周刊 · 中读 · 文丛

唐朝的想象力

盛唐气象的7个侧面

蒲实 丘濂 编著

中信出版集团 | 北京

女性

宗教

胡风

美食

目录

文丛总序

杂志的
极限何在？

李鸿谷
《三联生活周刊》主编

这不是有标准答案的问题，而是杂志需要不断拓展的边界。

中国媒体快速发展 20 余年之后，网络尤其智能手机的出现与普及，使得媒体有了新旧之别，也有了转型与融合。这个时候，传统媒体《三联生活周刊》需要检视自己的核心竞争力，同时还要研究如何持续。

这本杂志的极限，其实也是“他”的日常，是记者完成了 90% 以上的内容生产。这有多不易，我们的同行，现在与未来，都可各自掂量。

这些日益成熟的创造力，下一个有待突破的边界在哪里？

新的方向，在两个方面展开：

其一，作为杂志，能够对自己所处的时代提出什么样的真问题。

有文化属性与思想含量的杂志，重要的价值，是“他”的时代感与问题意识。在此导向之下，记者将他们各自寻找到的答案，创造出一篇一篇文章，刊发于杂志。

其二，设立什么样的标准，来选择记者创造的内容。

杂志刊发，是一个结果，是这个过程的指向，《三联生活周刊》期待那些生产出来的内容，能够被称为知识。以此而论，杂志的发表不是终点，这些文章，能否发展成一本一本的书，才是检验。新的极限在此！挑战在此！

书籍才是杂志记者内容生产的归属，源自《三联生活周刊》一次自我发现。2005年，周刊的抗战胜利系列封面报道获得广泛关注，我们发现，《三联生活周刊》所擅不是速度，而是深度。这本杂志的基因是学术与出版，而非传媒。速度与深度，是两条不同的赛道，深度追求，最终必将导向知识的生产。当然，这不是一个自发的结果，而是意识与使命的自我建构，以及需要持之以恒的努力。

生产知识，对于一本有着学术基因，同时内容主要由自己记者创造的杂志来说，似乎很自然。我们需要的，是建立一套有效率的杂志内容选择、编辑的出版转换系统。但是，新媒体来临，杂志正在发生的蜕变与升级，能够持续并匹配这个新时代吗？

我们的“中读”App，选择在内容升级的轨道上，研发出第一款音频产品——“我们为什么爱宋朝”。这是一条由杂志封面故事、图书、音频节目再结集成书、视频的系列产品链，也是一条艰难的创新道路，所幸，我们走通了。此后，我们的音频课，基本遵循音频－图书联合产品的生产之道。很显然，所谓新媒体，不会也不应当拒绝升级的内容。由此，杂志自身的发展与演化，自然而协调地延伸至新媒体产品生产。这一过程，结出的果实，便是我们的“三联生活周刊”与“中读”文丛。

杂志还有中读的内容，变成了一本一本图书，它们是否就等同于创造了知识？

这需要时间，以及更多的人来验证，答案在未来……

前言

城市、女性、诗歌、胡风

在撒马尔罕的康国故城阿夫拉西阿卜（Afrasiab），我看到三幅壁画。它们已斑驳得有些模糊不清，却与敦煌壁画的色彩和笔触遥相呼应。

第一幅画中的人身着唐装，头戴唐初盛行的幞头，身着窄袖长身袍，系腰带，垂鞶囊，佩长刀，有人手托三叠，有人手托丝，显然是一幅献礼图。第二幅是唐装仕女的泛舟图，一艘凤舟上有几名女子，发髻高耸，一位贵妇正被五名贵妇簇围着。第三幅则是唐装骑士的猎兽图。

那时我刚乘了好多天火车与汽车，穿越了时而壮美、时而荒凉的中国新疆、哈萨克斯坦和乌兹别克斯坦，在撒马尔罕郊外那处鲜有人至的遗迹处，与7世纪的唐朝相遇了。唐朝的文物制度曾传播到中亚腹地的深处，还北逾大漠，南暨交趾，东至日本，是中古极盛之世。

唐朝盛世的气质可以用很多词语来形

容。它的疆域辽阔壮美，它的诗浪漫奔放，它的心态自信雍容。当在陕西历史博物馆看到英姿飒爽的胡服女骑俑，在新疆博物馆看到阿斯塔纳墓出土的活泼飞扬的儿童图时，我感受到了这个朝代涌动着的健壮生命力。除了马球壁画，武惠妃棺椁上的一幅驯兽图，则向我展示了唐人骁勇善战的男性气概：很可能来自异域、蓄着长胡子的驯兽师正在赤手与形如雄狮的巨兽搏斗。这样的图景，我曾在帝国版图蔚为辽阔的波斯帝国（今伊朗）首都波斯波利斯的浮雕上看到过，它象征着帝国征服者强大的军事力量和勇猛豪迈的气魄。

在这个世界性的国家里，唐人如何看待自己与他者、本土与异域？一个唐人身处何种世界观念和时代精神中？形成他们开放包容心态的源头又何在？陈寅恪在《唐代政治史述论稿》中引用朱元晦语“唐源流出于夷狄”，并指出种族与文化二问题，实李唐一代史事关键之所在。

唐与隋的皇室实出同一个政治集团，统治基础相似，继承了鲜卑游牧民族的传统，融合了 5 至 6 世纪统治华北边境的“蛮夷”文化。这一血统和文化上的起源，几乎决定性地影响了唐人的世界观。

与正统的儒家天下观并不完全相同，以唐太宗为代表的唐朝皇帝提倡包容性，认为所有民族最终都将纳入中国，他们的帝国理想既包括中国人，也包括游牧民族，异域外来者也可以融合，是一个多民族的统一国家，也是一个多民族的移民国家。

唐人在文化观上是汉民族的文化观，以天朝上国而自居，骄傲于自己的典章制度和华浮文采，但对外来文化从来不排斥和抵触，奉行拿来主义，兼收并蓄。借鉴自中亚的金银器制作技术就是在这个时期突飞猛进发展的。在这个儒家文化还没有全面渗透人们精神生活的“历史缝隙”里，唐朝人没有太多的思想束缚，也许正因如此，唐的文学才如此快意恩仇，唐的精神气质才如此奔放飞扬。

唐以它的自信放开怀抱迎接各国使者，胡商、遣唐使和留学僧纷纷来到长安，在鸿胪寺、国子监和西市留下足迹，胡风唐韵融为一体。长安不仅是商业枢纽和物质汇聚之地，也是达官贵人、才子佳人生活的空间。那时的文人，无论见面、分别、宴会、游边、隐居，都要写诗。作为一个开疆拓土的扩张性国家，唐朝很多诗人投笔从戎，写下许多边塞诗。

唐长安也是“信仰之都”。波斯的商人带来景教、祆教和摩尼教，从印度、中亚而来的佛教僧侣，把到达长安视为登上传法事业的顶峰，而来自东瀛和新罗的学问僧们，又把长安的佛学传播到日本列岛和朝鲜半岛上。唐的出使者玄奘、鉴真和义净，则在他们留学、传教和翻译著书的活动中，扮演了大唐黄金时代“知识分子”的角色。

隋唐时期，中国的经济中心已经开始南移，不仅是运河，帝国的道路网络也从北方边疆扩展到南方，把帝国的西南和东南沿海部分连接起来，番禺、扬州、益州都是富庶繁华的城市。

唐朝也是一个“她世纪”，女性摆脱了礼教的羁绊，获得了许多自由，也出现了武则天这样的女性人物。在唐朝建立 1400 年之后的今天，我们再次进入世界性的唐帝国，从城市、宗教、诗歌传奇、出使者、外来者和女性等多重视角，来领略它的盛世风华，以梦回大唐。

唐与世界

世界的唐①

唐朝是一个多民族混合的移民国家，也是一个多民族的统一国家。盛唐留给后人的想象，是壮美、浪漫、豪放和充满活力的。这种气质的造就，源于一个统一帝国的建立，也源于唐人世界主义、兼收并蓄的包容气度。

国际都会

在西安大明宫遗址，唐朝昔日的辉煌只能通过遗址辽阔的尺度和断壁残垣来想象了。我从复原的正南门丹凤门进入，它隔着开阔的御道广场正对着北面的大明宫主殿含元殿。就在这个丹凤门上的城楼里，唐玄宗曾两次设宴款待突厥首领和使臣，东、西突厥首领还曾因使臣位置发生冲突。

穿过广场，经过东朝堂遗址，来到含元

① 本文由蒲实主笔。

大明宫遗址，位于唐长安城北侧的龙首原，是大唐帝国的大朝正殿，唐朝的政治中心和国家象征。张雷摄

殿前的登殿坡道龙尾道前。沿翔鸾、栖凤两阁内侧的坡道，经三层大台，迂回登到殿上。遥想 7 世纪，各国使节和朝廷百官曾云集于这座国际大都会——长安，在这蜿蜒盘旋的坡道上排着长队缓缓而上。由于它太过蜿蜒曲折，年过八十的柳公权曾在登上龙尾道后，因年老气衰，竟然听错了皇帝尊号，被罚一季俸禄。

但这高出地面十余米的殿堂基台上，如今只能看到不复耸立的石柱的柱础石了。大明宫气势恢宏的主殿、飞廊、东西两阁和钟鼓楼，都只能凭借着那些粗大浑圆的柱础石来推测和想象。这里是唐代皇帝听政和举行外朝大典活动的场所。史书中记载的冬至和上元大朝会时，数万人列于殿前广场，友好邻邦和国内各民族都派遣特使前来进贡祝贺的热闹非凡，此刻都归于沉寂。

或许王维的诗还能召唤起当年那雄浑的气势：“九天阊阖开宫殿，万国衣冠拜冕旒。”站在基座上沿着中轴广场往北眺望，宣政殿和紫宸殿不再耸立在地面上，也都只在想象中了。在那些开阔之地，必然时常有打马球的骑行队伍出现，这项锻炼骑术和具有军事训练性质的运动，在唐朝极为盛行。

唐朝的元日大会源于古代的朝贡制度。每逢此时，皇太子、文武

大明宫遗址复原微缩景观。张雷摄

百官、地方朝集使分别向皇帝拜贺新岁，穿着不同服饰的各国使节和首领，列队登上含元殿，依次觐拜，献上来自各国的宝物，以表对大唐的尊敬和臣服。在阎立本所绘的《职贡图》上，我们还能看到唐太宗时期，南洋的婆利、罗刹、林邑国等前来中国朝贡和进奉珍奇物品的景象。

唐人曾身处其中的盛世景象也留在了唐代壁画里。陕西历史博物馆的唐代壁画馆里，我看到了两幅从章怀太子墓出土的《客使图》（见55页），呈现的是唐朝鸿胪寺官员接待异域使者的情况。

鸿胪寺是专门管理接待外宾和少数民族使节的部门。东壁的《客使图》共有六个人物，前三人为唐朝鸿胪寺官员，后三位为使者。第四个人光着头，浓眉毛，深目高鼻，阔嘴方脸，上身内穿衬衣，外套翻领紫袍，腰系白带，脚穿黑靴，两手交叠于胸前。从衣着相貌看，

（唐）阎立本，《职贡图》，藏于台北故宫博物院

他很可能是拂菻国（Prwn），也就是拜占庭帝国（东罗马帝国）的使节。第五个人头戴骨苏冠，按衣着推断，应当是新罗使节。第六个人头戴皮帽，圆领，无髯，身穿圆领灰大氅，应该是古代东北少数民族地区的室韦族或靺鞨族。

西壁的《客使图》，也可以根据容貌和装束推断出使者很可能来自高昌或突厥，还有一位是胡人。《旧唐书》记载，从唐初到玄宗开元年间，唐曾与近 400 个国家和地区相互交往。经过攻伐兼并后，至开元年间，尚存 70 余国。除了少数属于中国境内周边各族建立的政权外，它们与唐朝往来，是唐朝官员对外交往的主要内容。

唐朝的国际大都会长安充满胡风和异域情调。穿行在陕西历史博物馆里那些身着胡服、女扮男装、英姿飒爽骑于马背上，有的还深目高鼻的陶俑之间，我不禁想象，一位唐长安城的居民走出自己的宅院，经过坊墙，穿行过很多行人、马匹和马车的人流中，来到西市，

将会看到什么样的情景呢?

他会看到成千的店铺林立，卖骨制梳、钗、珍珠、玛瑙、金器、银器、玻璃器皿、毛纺织品、胡粉香料之类的东西，会有高大的骆驼穿梭其中，会经过一棵独柳树下的刑人之所，人群中有高鼻深目的突厥人、波斯人、大食人（今阿拉伯人），蓄着大胡子的粟特胡人，以及服装与我们迥异的日本人、吐蕃人，甚至还有黑人。

骑在马背上的胡服女子，戴着笠帽，扬鞭策马在街市穿行，还有一些皇亲贵族女性，虽小口红唇、薄施粉黛，却身穿官宦男子的常服出现在公众场合。街边的酒肆饭馆里，食客们在食胡饼，饮葡萄酒，李白这样的诗人则吟着“胡姬貌如花，当垆笑春风”的诗句。

若细细观察那些胡人脸上的神情，会发现他们的姿态不尽是自信张扬的。他们也会在唐朝气宇轩昂的外交官面前露出卑微神态，马夫驼夫的男侍从也会有小心翼翼的眼神和动作。唐人虽视穿胡服、吃胡食为时尚，但也并非完全没有任何偏见。

通过长安人珍藏的器物可以窥见他们的日常生活，也掀开了中古的一角。西安南郊出土了何家村珍宝窖藏的兴化坊，位于长安朱雀门街西第二列第三坊，往北过两坊即皇城，东面隔一坊为朱雀大街，西北跨一坊是西市，曾经是皇家贵戚和高官贵族居住的黄金地带。这批珍宝被精心装在三口陶罐里，埋于地下，也许就是为了穿越时间，来自述一个唐人的生活。这些珍宝的主人是一位钱币收藏家，收藏了春秋时期齐国的“节墨之法化”，唐天宝十五载以前的“开元通宝”，还有罗马金币、波斯人使用的萨珊王朝的银币，以及极其罕见的“凉造新泉”和“高昌吉利”，外国钱币很可能是西亚和中亚商人在长安活动的痕迹。也许正因为他嗜好收藏，才决心如此精心地给后世收藏者留下一份礼物。

这些收藏里，有许多金银器，有些素面简洁，

大唐西市复原沙盘。张雷摄

米面行

有些则吸收了以撒马尔罕为代表的中亚金银器纹样，做了细致和略微繁复的雕刻，花纹则可能是充满佛教意味的莲花，随性自如地融合在一起使用。这位主人也从事炼丹，炼丹的材料是金箔和琥珀。也许他怀着永生的渴望，希冀能与未来的后人交流一下长寿的秘诀，或进行一场严肃的医学讨论。

置身于珍宝主人的物件所组成的小宇宙里，我触碰到一个唐人观念中的疆域：它在地理空间上很辽阔，没有什么自我身份设定的明确边界，折中，兼收并蓄。

这是一个唐朝帝都人的心态。唐朝开国后，太宗和高宗不断对突厥、薛延陀、吐谷浑、西域诸国（如高昌、龟兹）等国家作战，逐渐控制了漠南、漠北、西域等地区。唐高宗龙朔年间，唐朝疆域面积达到最大，约为 1237 万平方公里（一说 1076 万平方公里）。长安作为鼎盛时期唐朝的都城，不仅是当时全国政治、经济、文化的中心，也是那个时代东亚文明的中心。

统一的唐帝国建立起一个跨地域的交通和贸易网络，以长安和洛阳为中心向外辐射，以便贸易和帝国内部人员往来。西域的胡人骑在骆驼背上，穿越沙漠戈壁与河西走廊，来到长安，首都的道路网络还从北方边疆扩展到南方，穿过四川的道路把云南和贵州与帝国其他部分连接起来，一直延伸到东南沿海，乃至东亚、中亚、南亚、东南亚的主要城镇。

长安吸纳着来自四面八方的人物。他们中间有山东豪门大户出身的贵族子弟，也有前来参加科举考试的东南才俊，既有西北投诚或被俘的胡族将领，又有沿着丝绸之路从中亚内陆来的粟特商人，甚至还有从更为遥远的波斯、大秦赶来的基督教士和摩尼教徒。通过商业贩运和王朝的赋税贡献，长安聚集了天下众多的财富和珍宝。盛世中的唐朝人在思想上也许不够深刻，但长安佛寺中的高僧或道观中的道士的思维更加接近神灵。

除了扩展跨地域的交通和贸易网络，以长安、洛阳为枢纽，一个快速的邮驿系统建立起来。沿道路十里一驿，总共拥有 1297 个驿站，从长安到帝国最远的地方需要半个月，即使是曾经封闭的四川也可以定期与其他地方联系。邮驿一旦延误期限一天会被重打八十大板，递送公文延误六天会被责罚服苦役两年，延误紧急的军事公文可能会被处以斩刑。

据推算，高仙芝利用驿站，从长安出发到达 4000 公里以外的安西都护府大概需要十天；如果从东部扬州出发，到达王土最西边的边境，用快马需要一个多月。唐朝跨过天山山脉，成为半个中亚的保护者，也达到了当时帝国治理与后勤的极限。

源流出于夷狄的世界帝国

陈寅恪在《唐代政治史述论稿》中引用朱元晦语："唐源流出于夷狄，故闺门失礼之事不以为异。"陈寅恪点评道："朱子之语颇为简略，其意未能详知。然即此简略之语句亦含有种族及文化二问题，而此二问题实李唐一代史事关键之所在。"

在《唐开国》一书中，唐史研究学者于赓哲提到，从南北朝到隋唐建国，南北方走上了不同道路。"南方更多保留有汉魏以来的传统文化，而北方被注入了游牧民族的新鲜血液。"隋唐都出身于西魏宇文泰创立的关陇贵族集团。

宇文泰在鲜卑旧制基础上创立了府兵制度，成年男子平时为民，战时为兵，兵农合一。这些府兵由八大柱国将军统领，与他们下面的十二大将军组成了关陇集团的金字塔尖，军政合一，出将入相。这个集团既有汉族文化的血脉，也有游牧民族的勇武之气。北周、隋、唐之间还有姻亲关系，隋文帝杨坚的皇后、唐高祖李渊的母亲、北周明帝的皇后都是八柱国鲜卑族大将军之一独孤信的女儿。

4 世纪之初，北方被一批批异族的游牧民族所蹂躏。入侵者在西北有吐蕃血统的羌和狄，在北方有匈奴及各种突厥人、准蒙古人和通古斯人。他们建立起很多短命小王朝，直到 376 年由拓跋突厥人建立了一个稳定而统一的北方政权北魏。汉朝后期直到唐代，少数民族人口持续内迁导致了民族结构的改变。

唐初，少数民族移民占帝国总人口的7%，占北方人口的12%至14%；唐后期，则占到10%至19%。这深刻影响了北方的社会和制度，在西北出现了一个与传统中国统治阶级迥然不同的贵族集团，就是权力基地在山西西南、陕西和甘肃的关陇贵族，隋唐皆出自这个半胡化的精英集团。它们的成员是混血儿，生活方式深受游牧部落风俗的影响，很多人既讲汉语，又讲突厥语，基本上都出身军人集团而非文人精英。

唐高祖李渊是西魏柱国大将军李虎之后。根据陈寅恪的考证，李渊家族应是赵郡李氏后代，但李唐自称陇西李氏，把郡望改为关陇地区。唐与隋同出一个政治集团，统治基础相似，实际上有血缘关系，也继承了鲜卑游牧民族的尚武传统。

唐太宗李世民还在做皇子的时候，曾与突厥盟友歃血为盟，誓为兄弟。玄武门之变后，他通过祭献马匹来获得合法性，这是依据突厥的习俗；又通过结为义亲来强化关系，这种做法也是吸收游牧文化模式的一部分。游牧文化推崇富有个人魅力的领导者，李世民杀兄以获得权力的方式，更接近游牧民族而非传统中国的传承方式。

唐皇室因此在血统和文化上融合了5至6世纪统治华北边境的

“蛮夷”文化。学者葛兆光如此评述道：“每一个王朝的建立，都要在开国之初建立起自己的合法性形象，这种合法性从儒家的经典里面来。”

唐代的统治者对于政权的合法性和合理性，一开始是有相当深忧虑的，特别是协助父亲从合法的隋朝那里夺取天下，又以并不合法的手段夺取皇位的唐太宗李世民。李世民用各种方式来建立声望，比如抨击和贬抑隋朝旧臣，颁布五经定本和新的五礼来垄断经典话语的解释权等。更重要的是，他通过开拓边疆、平定四夷，赢得“天可汗”的称号来建立威望。这与正统观念不一样。

624年，朝廷征服高昌，讨论如何处理的问题。高昌接近吐鲁番，位于新疆。褚遂良说：“臣闻古者哲后临朝，明王创制，必先事华夏，而后夷狄。务广德化，不事遐荒。是以周宣薄伐，至境而反。始皇远塞，中国分离。陛下诛灭高昌，威加西域，收其鲸鲵，以为州县。……此河西者，方于心腹；彼高昌者，他人手足。”

这段话说明，现在的中国领土与唐王朝暂时的领地之间存在着区别：在“华夷”世界观的描述中，古圣先贤确定了中国本土与外部世界的划分；帝国的内部是以农业和城市贸易为基础的定居生活，外部则是北方和西边部落（内蒙古、甘肃和中亚）的游牧迁徙生活。

但唐太宗的观念和这种正统观念不同。他提倡一种包容性，认为

唐昭陵，唐太宗李世民和文德皇后长孙氏的合葬墓，位于陕西咸阳市礼泉县。张雷摄

所有民族最终都将纳入中国，他和唐朝的一些后继统治者都试图让突厥人和其他部族融入帝国疆界。唐太宗宣布自己为天子兼可汗的这个头衔，象征着唐太宗的大国理想既包括中国人，也包括游牧民族。

“天子”与“可汗”两者能够生活在同一个单一帝国内，统治者为同一人，君王因能力超群，足以超越中国本土与外部世界的明确界限；而对这两种类型的人民，可以有两套平行的管理系统。

这种“自古皆贵中华，贱夷狄，朕独爱之如一”的平等思想，也表现为任用非汉人官员，授予他们军事头衔，赠予他们皇室李姓的政策。从 7 世纪后期和 8 世纪开始，唐帝国主要依靠胡人将帅和军队的军事力量，他们驻扎于帝国边境，在唐朝的对外战争中为唐朝流血牺牲。名将艾萨拉色儿、契苾何力、李思摩、李光弼，还有平定安史之乱中死难的哥舒翰，都是胡人（安禄山也是胡人）。于赓哲说，唐朝整个社会因此有胡汉结合的特点，继承了北朝风格，没有血统观念，只有文化观念。

不过，文化上，唐皇室与代表正统的旧贵族的冲突差异仍然存在。唐代初期和魏晋南北朝一样，是一个以门阀制度为特征的贵族时代，重视门第。那些山东（华北和华中一带）的旧贵族是懂门风礼法的名门之后，看不上当权新贵族，从而有“门不当户不对”的说法，为唐太宗所痛恨。安史之乱后，社会上的门第之风仍然盛行。

陈寅恪先生引述过郑覃的事：文宗为庄恪太子选妃，朝臣家□子女者，悉被进名，士庶为之不安。帝知之，谓宰臣者曰：“朕欲为太子婚娶，本求汝郑门衣冠子女为新妇。闻在外朝臣皆不愿共朕作情亲，何也？朕是数百年衣冠，无何神尧打家罗诃去。”陈寅恪注释，唐代皇室出自宇文泰所创建之关陇胡汉集团，即所谓“源流出于夷狄”者，古应与山东士族之以礼法为门风者大有不同，“及汉化程度极深之后，与旧日士族比较，自觉相形见绌，益动企羡攀仰之念。然贵为数百年天子之家，终不能竞胜山东旧族之九品卫佐，于此可见当日山东旧族之高自标置，并非无因也”。

这样的皇室源流，也让唐朝与前世后世的朝代相较，皆有不同的精神气质。

8 世纪早期，唐朝通过成功的对外战争设立起一连串散布于边境的都护府：安西（西突厥、西域和吐蕃）、北庭（突厥诸部）、单于（统治东突厥）、安北（回纥和铁勒游牧民族）、安东（朝鲜、契丹、奚和）和安南（越南的外族人）等都护府，不仅基本囊括了现代中国的主要版图（不包括西藏的吐蕃国），还包括了今天许多邻国的一部分甚至全部。

从俄罗斯、吉尔吉斯斯坦、塔吉克斯坦、土库曼斯坦、阿富汗、巴基斯坦，到越南、老挝、朝鲜、蒙古国，都出现过唐朝皇帝所册封官吏的身影。唐是一个世界性的帝国。这些都护府并非直接在中央政府的统辖下，而是折服于天可汗的威名，向大唐俯首称臣。

古人的这种"俯首称臣"和我们现代人的观念不尽相同。李渊举起反隋大旗时，他需要稳定后方，免受突厥攻击。温大雅的《大唐创业起居注》记载，在写给突厥可汗的信封上，是用"启"还是"书"，李渊和手下发生了分歧。虽然认为突厥不懂汉文，但因担心一些投奔突厥可汗的中原知识分子因这个字挑拨离间，最后使用了"启"。这件事后来在唐太宗看来，是高祖曾称臣于突厥的证据。

唐代把中央以外地区分为蕃部与绝域。唐朝统治者认为，"自古帝王虽平定中夏，不能服戎、狄”的根本原因在于“贵中华，贱夷狄”，因此必须“怀柔远人，义在羁縻，无取臣属”。尤其是唐太宗李世民，调整朝廷与各民族之间的关系，在处理内地与边疆事务上，内外无别，一视同仁。

唐太宗的“爱之如一”思想、高宗和武则天时期的“损彼之强为中国之利”、玄宗的“多事四夷”、德宗的“威信并立”、文宗的“天下一家”、宣宗至哀帝的“绥柔荒远”思想，基本脉络就是唐太宗“天下一家”思想的延伸。他们理想的民族关系是以武力征服为手段，在四夷地区建立稳固统治，对归顺的少数民族积极接纳安抚，达到“蛮夷狄戎，殊方异类，重译而至”，以“中外无隔，夷夏混齐”。

647 年，唐出钱赎回被掠到大漠南北的汉人，同时诏令“其室韦、乌罗护、靺鞨三部人为薛延陀所掠者，亦令赎还”。阿史那社尔、契苾何力、黑齿常之、李谨行等不但受到重用，有的还成了驸马；开元、天宝之际，不少民族将帅成为唐军主力，安禄山、哥舒翰等晋封王爵。

这种开明的民族政策、开放的人才策略，使周边地区的各类人才不断进入唐帝国的统治机构中，在不到百年的时间里打造了一个疆域辽阔、民族众多的盛世帝国。对于周边民族政权的贡物，李唐采取了优厚的回赐政策，“计价酬答，务从优厚”。

唐朝将贸易中的双方关系设定为进贡和赏赐关系，以显示自己的优越性，笼络和感化对方，经济效益并不是统治者考虑的问题。这种贸易实际上是以牺牲本国经济利益为代价的非平等的经济关系，也是中国古代王朝的通病。

唐朝人看待世界体系的方式，与正统儒家学说的天下观又有何不同呢?

自汉代把包括《尚书》在内的儒家经典确立为正典后，其中的“禹贡”所提出的“九州”世界体系，形成了“文明的中心由帝国直接治理，半文明的民族环绕四周，再向外则是蛮夷”“内诸夏而外夷狄”的二分法世界观，文人和廷臣对军事扩张的怀疑态度日益增强。

对有文化教养的中国古人来说，华夷之别根植于宇宙秩序中，异族和异文化属于外部世界，而中国则以九州为中心，遵守一系列文化规范。但唐朝的实际情况不符合这种观念上的划分形式，大量异族不仅生活在边疆区域，也生活在中国的城市里。

为了从观念上应对这种现实，唐代文人有一套复杂的词汇来区分中国“本土”和“帝国统治下的异域地区”，蒙古、新疆、四川西部就属于后者。本土和异族之间的划分，制度上以羁縻府州的形式表达出来。羁縻府州如同汉代的“属国”，是相对自治的区域。

唐的疆域内，定居的异族由其部族首领管理，唐朝册封这些首领并授予官职。他们有义务服从于帝国，提供军事力量援助正规军，但不需要缴纳同样的赋税或服劳役。羁縻府州是唐朝和真正化外“蛮夷”之间的缓冲带，缺乏清晰或固定的边界。异族来而复去，随大唐势力的消长不时改变居住地，唐朝疆域的边界也就出现临时性的不断变动。

唐代涌现的新国家虽然规模小得多，但组织方式与中国相同，统治者具有同样的思想意识。这些国家用中文处理公务，采用中国的法律和办事手续，向唐朝朝贡。这就是唐帝国的朝贡体系。

一个波斯家族的墓志

唐天宝年间，波斯人李素的祖父李益奉波斯王命来唐朝出使，因充质子，授右武卫将军，在长安宿卫。波斯人入仕唐朝者，《新唐书·波斯传》所记载的有王族卑路斯及其子泥涅师，还有阿罗憾和李元谅。李素和他夫人卑失氏的墓志于 1980 年在西安出土，从而令一个波斯家族在唐朝的生活呈现于世。

天宝时，波斯已是阿拉伯帝国的一个省份。波斯萨珊王朝在 651 年被新兴的阿拉伯王国所灭，不再有自立的国王遣使入唐。这段时期，波斯与唐朝的交往虽然仍不断见诸汉语史籍，但这些波斯使者多是萨珊后裔或冒称使臣的商人。萨珊王朝覆灭时，国王卑路斯、王后和儿子逃到中国，随行的应有波斯王室、后族和一些贵族。唐长安礼泉坊有一个波斯胡寺，卑路斯曾奏请于那里。而李素有可能出自这个波斯王后一族。

自唐初始，唐朝把大量外国质子和滞留不归的使臣隶属于中央的十六卫大将军，宿卫京师。李素的祖父李益大概属于这类波斯人。李益的儿子李志大概在肃宗或代宗时期担任唐朝的朝散大夫守广州别驾上柱国。广州是中都督府，唐开元时有 64250 户，别驾是仅次于都督的地方长官。

以广州为中心的岭南地区，从南朝到隋唐五代与波斯地区保持着海上交往，有不少入华的波斯人后来从北方南下岭南地区，其中以景教徒在岭南的活动最受瞩目。唐朝中后期，唐帝国与外部世界的贸易关系正在重构。

西北方向上，唐人继续和游牧部落联盟在政治上打交道，沿着古代丝绸之路进行跨境贸易；南方大量的天然港口则推动了海外贸易。除了朝鲜半岛和日本传统的贸易活动，东南亚、印度和波斯湾地区之间的大量新兴海上贸易活动也得到了发展。海上大宗商品贸易引来很多胡商定居中国的几大都会。

唐中央朝廷任命波斯人李志去做广州别驾，应该是为了便于对当地的大批胡人进行统治。李素一直随父在广州生活，直到 766 年，执掌司天台的印度籍司天监翟昙譔去世，需要新的人才补充其位，李素被召到京师长安任司天台官员。他在天文历算方面有特别才能。

波斯景教教僧继承了经阿拉伯和叙利亚地区传来的希腊文化，例如天文学、医学等，且擅长于机械制造。唐朝两京（长安与洛阳）人才济济，这样不远万里地从广州征集一个番人，说明李素所学的天文历算之学与中国传统的天文学不同，另有新意。

开元时期，翟云罗、翟昙悉达、翟昙譔父子从印度来华，将波斯系统的天文历算学传入中国。翟昙悉达任太史监时，翻译了印度《久执历》，唐贞元初，又有都利术士李弥乾带来《都利经》并翻译。李素任职司天台时，想必也曾协助同乡把源自波斯的天文学著作翻译出来。

另一位重修《聿斯四门经》的陈辅，很可能在同一时间内与李素同任翰林待诏。李素被召时，正值安史之乱后，“畴人子弟流散，司天监官员多阙”。当时他不过 23 岁，还不足以当上司天监这种三品官员；他很可能是在 50 岁左右，继唐代有名的天文历算家、司天监徐承嗣之后就任此官职的。

李素有几个儿子后来也完全进入中国社会，在唐朝各级衙门中供职。李景侁任河中府散兵马使，李景伏任晋州防御押衙，李景亮“起

唐长安城含光门遗址。张雷摄

服拜翰林待诏襄州南漳县尉”，后来回到京城，在右威卫任长史，李景弘任威远军押衙。其中，李景文先为“太庙斋郎”，后为乡贡明经。作为唐朝皇家太庙的斋郎，李景文已经进入唐朝皇家礼仪的核心部分，而后来成为乡贡明经，表明这个家庭的波斯后裔已经完全汉化。

他的另一个后人李景度是丰陵挽郎或太庙斋郎，丰陵是唐顺宗李诵的陵墓，丰陵挽郎也是唐朝礼制中的官员。李素一家在长安生活了数十年，诸子也都在长安或附近的关内道和河东道任职，逐渐走向汉化，儿子的官职也从武职军将渐渐转为唐朝礼仪中的角色，甚至成为乡贡明经。

李素生于天宝三载（744），卒于元和十二年（817），享年 74 岁。

去世时，皇帝为了感谢他在代、德、顺、宪四朝的长期服务，特召他的儿子李景亮为翰林待诏，寄禄的职事官衔是襄州南漳县尉。翰林待诏正是诗人李白在长安大明宫让高力士为他脱靴时所任的职位。

李素和他的儿子李景亮都不是科第出身，是因专业的天文星历知识而入仕。这种入仕不在吏部的铨选范围内，而由皇室征召。唐朝也为外国人设置了进士科考试，有人考证，考题和内容与国人一样，只是打分略松，有名额的倾斜。

在唐朝做官的外籍人士据统计有 3000 多人。如孙光宪《北梦琐言》云："唐自大中至咸通，白中令入拜相，次毕相諴，曹相确，罗相劭权，使相也，继升岩廊。崔相慎猷曰：'可以归矣，近日中书，尽是蕃人。'盖以毕白曹罗为蕃姓也。"这些外籍高官中，有著名的突厥将军阿史那思摩、阿史那社尔和哥舒翰，也有新罗人崔致远和高丽人高仙芝，以及日本人阿倍仲麻吕。

最后，李景亮也和父亲一样，官至司天监。晚唐大诗人李商隐在大中元年（847）曾写过一篇《为荥阳公贺老人星见表》，提到"臣得本道进奏院状报，司天监李景亮奏：八月六日寅时，老人星见于南极，其色黄明润大者"。此时，李景亮已经在唐宫中服务了至少 30 年。唐史研究专家荣新江和赖瑞和，先后在《一个入仕唐朝的波斯景教家族》和《唐代的翰林待诏和司天台》两篇长文中做了细致考察。

（唐）新疆阿斯塔纳墓出土的儿童绢画，描绘了两个在草地上嬉戏的儿童，两人身穿同款条纹背带裤，这种款式主要是受“胡服”的影响

唐朝比之别的朝代，是一个气质独特、开放包容的多民族的移民国家，也是一个多民族的统一国家。不管来自何方，无论是波斯人、粟特人、回鹘人、突厥人、高丽人、大食人，都以族群聚落方式最后融化在中国之中。

唐史研究专家葛承雍说：“他们心灵深处蕴藏着民族观念、家庭利益，但在国家意志与凝聚认同上，入乡随俗汇聚成中华民族的整体成员，变成唐朝国家不可分割的一部分。”这个波斯家族几代人所行进的轨迹，正是作为世界性帝国的唐朝对外来文明和外来者包容性的内在纹理。

参考资料：

刘庆柱．地下长安．北京：中华书局，2016.

荣新江．隋唐长安：性别、记忆及其他．上海：复旦大学出版社，2010.

于赓哲．隋唐人的日常生活．西安：陕西人民教育出版社，2017.

于赓哲．唐开国．桂林：广西师范大学出版社，2018.

荣新江．唐研究．北京：北京大学出版社，2003.

陈寅恪．唐代政治史述论稿．上海：上海古籍出版社，1997.

荣新江．中古中国与外来文明．北京：生活·读书·新知三联书店，2014.

卜正民，陆威仪．哈佛中国史之世界性的帝国：唐朝．北京：中信出版社，2016.

程旭．唐韵胡风：唐墓壁画中的外来文化因素及其反映的民族关系．北京：文物出版社，2016.

四大帝国的全球政治①

唐王朝屹立于东亚大陆之际，正值波斯萨珊王朝衰弱灭亡、拜占庭帝国实现中兴、法兰克诸王国逐步控制西欧和南欧；从东非到中亚，全世界都在被扩张和征服的热情所感染。尤其具有划时代意义的是，从中东沙漠中走出的阿拉伯骑兵成为全球舞台上新的要角，不同文明中心间的碰撞和互动进入了一个新阶段。

四大帝国的时代

> 西方之戎，古未尝通中国，至汉始载乌孙诸国。后以名字见者浸多。唐兴，以次修贡，盖百余，皆冒万里而至，亦已勤矣！
>
> ——《新唐书·西域列传》

---

① 本文作者为刘怡。

唐朝君臣第一次知晓阿拉伯帝国在世界上的存在，是在高宗（649—683 年在位）永徽年间。据《旧唐书》记载，651 年“八月乙丑，大食国始遣使朝献”，带来良马和宝石腰带作为礼物。通过与来使的交谈，唐人获悉这是一个兴起于波斯以西“俱纷摩地那之山”（即 Jabal Madinah，麦地那山的音译）的“西戎”国度，开国之主名唤摩诃末（穆罕默德），活跃于隋末，如今已传至第三代。

大食国“土多沙石，不堪耕种，唯食驼马等肉”，人民则“勇于战斗，好事天神”；开国之初，其王曾“移穴中黑石置之于国”。这些记载显然精准地对应上了阿拉伯半岛的地理环境、伊斯兰教习俗以及麦加天房（Kaaba）中黑石来历的传说。

高宗、武后在位时，大食国陆续发兵击破周边的波斯、拂菻诸国，并频频遣使来朝。开元初年，由于认定该国系“慕义远来”，殊可嘉许，唐玄宗甚至一度准许大食国使节按照其宗教习惯，在谒见时“平立不拜”，颇让礼部伤了一番脑筋。

唐人与阿拉伯来使最初的交流，大约是以波斯语作为媒介。《旧唐书·西戎列传》在对大食的描述中，误记其为波斯西境的割据部落，便是证据之一。而唐人对阿拉伯帝国诸项名目制度的描述，显然也经过了波斯语的转译。如“大食”（食字音“义”）一词，其实是来自波斯人对其接触到的第一个阿拉伯部落塔伊（Tayy）的称呼。

《西戎列传》所记载的大食国君主头衔“噉密莫末腻”，则是出自阿拉伯帝国第四任哈里发（政教合一领袖）阿里的敬称 Amir al-Mu’minin，意为“信教者的领袖”。尽管对该国内政所知不算详明，唐人依旧准确地记录了阿拉伯帝国的继承权在白衣大食（倭马亚王朝）与黑衣大食（阿拔斯王朝）之间转移的经过，还曾提到大食对克夏腊（叙利亚）的征服。足见在时人的世界认知中，已经有中东及其濒临的地中海、红海的存在。

相当巧合的是，同样是在 651 年，阿拉伯帝国兴兵攻入波斯东部残存的呼罗珊（Khorasan）地区。波斯萨珊王朝末代君主伊嗣俟三世（Yazdegerd Ⅲ）出逃至小马雷（Marw al-Rudh），遣使向唐高宗求援。

由于文献记载有限，我们无从得知伊嗣俟的代表和大食国使者抵达长安的时间孰先孰后，亦无从推断唐朝君臣是否意识到了阿拉伯帝国东征的决定性意义。《新唐书·波斯传》对此仅记录了寥寥一笔：“遣使者告难，高宗以远不可师，谢遣。”

伊嗣俟随后在小马雷被暴动的当地人杀死，萨珊王朝灭亡。他的儿子卑路斯三世（Peroz Ⅲ）则以吐火罗（今塔里木盆地）为基地，继续与阿拉伯军队对峙，并再度向唐朝求援。高宗遂下旨在西域的疾陵城（Zaranj）设波斯都督府，拜卑路斯为都督，为其提供发起复国运动的大后方。

此事虽未能告成，卑路斯及其子孙仍得以继续在唐朝境内避难，其行迹至天宝初年犹有记述。祖母绿、巴旦木、安石榴等波斯风物名称，以及祆教、摩尼教等中亚原生宗教，也以此为契机传入中土，在兼容并蓄的唐代文化史中留下了吉光片羽。

在《旧唐书·西戎列传》中，还记载有另一个“海西之国”拂菻的存在。唐人正确地判定该国正是《后汉书》中记载的“大秦”（罗马帝国）的延续，即以君士坦丁堡为中心的东罗马帝国。

至于“拂菻”这一名称，则又是从中古波斯语的 Rûm（罗马人）一词借用而来。在《新唐书》和《旧唐书》勾勒的世界版图中，唐的北境有突厥、回纥诸汗国，东方有高句丽、新罗、百济和日本，西部与吐蕃、波斯、大食以及中亚一众小国接壤，更远的西方则有拂菻。

对活跃于西欧的法兰克诸王国和正在涌入巴尔干半岛的斯拉夫人，唐人似乎所知不多，对欧洲形形色色的宗教纷争更是闻所未闻。《西戎列传》中引用的《论语》嘉句“近者悦，远者来”，以及唐高宗关于波斯战争的表态，都足以概括唐人的外交观念：乐于交结诸国，但避免挥霍资源。

然而在不经意间，唐帝国也已卷入 7—10 世纪影响全球格局的一场大动荡。阿拉伯帝国在欧亚大陆“心脏地带”的崛起，影响逐步波及至全世界。到 8 世纪初，阿拉伯倭马亚王朝的势力范围已经延伸

（唐）敦煌莫高窟217窟壁画《破阵乐舞势图》，描绘的是唐代宫廷武士表演歌颂李世民征伐功绩的《秦王破阵舞》的情景

至北非、中亚乃至伊比利亚半岛，隐隐有并吞整个欧亚大陆之势。然而他们先是在君士坦丁堡城下败于东罗马帝国的神秘武器“希腊火”（717年），接着又在图尔之战（732年）中被法兰克人统帅查理的军队所逐退。

伊斯兰教的扩张势头止步于欧洲边缘，拜占庭帝国（东正教）和法兰克王国（天主教）这两个基督徒共同体得以延续下来，成为东西欧文明圈的先声。而在中亚，阿拉伯骑兵虽然得以在怛罗斯（Talas）战役（751年）中击败唐军，但始终无法逾越地理空间的阻隔。

到8世纪中叶，拜占庭、法兰克、阿拉伯、中国四大帝国体系并存于世界的格局已经基本成型，直至13世纪奥斯曼土耳其和蒙古帝国崛起方被颠覆。如同日本明治大学教授、唐史研究者气贺泽保规所言，四大帝国各以一种独立的宗教作为精神依托，并向周边地区辐射，形成了古代史上“绚烂的世界帝国时代”。在这个时代告终之后，各地独立的民族意识开始觉醒，近代世界的黎明已经呼之欲出。

“希腊火”的奇迹

> 龙朔初，击破波斯，又破拂菻，始有米面之属。又将兵南侵婆罗门，吞并诸胡国，胜兵四十余万。
>
> ——《旧唐书·大食传》

有时，改变世界历史走向的未必是某位英雄人物，倒有可能是一场始料未及的自然地理灾难。比如，570年也门马里卜大坝（Marib Dam）的崩塌。在那之前，阿拉伯半岛半数以上的人口都居住在南部这片狭小的绿洲之中，依靠定居农业过活，接受基督教君王的统治。

在红海对岸，信奉科普特派（旧东正教主要分支之一）教义的埃塞俄比亚阿克苏姆王朝是也门王国的真正控制者，也是红海贸易的最大受益人和地中海以南最昌盛的文明中心。在年久失修的马里卜大

也门境内的马里卜大坝遗址。这座著名水利工程在公元 6 世纪末的崩塌成为中近东秩序洗牌的直接诱因

坝毁于一场意外的暴雨之后，也门的阿拉伯人开始向北方的汉志地区（Hejaz）迁移，其中就包含有伊斯兰教创始人穆罕默德的祖父。阿克苏姆帝国在红海东岸的势力范围则逐步被波斯萨珊王朝所蚕食，被迫向东非内陆收缩。

一场改变印度洋北岸权势格局的革命正式开始兴起。

马里卜大坝崩塌之际，中国正处在南北朝分裂局面终结的前夜，作为罗马帝国两大继承者之一的东罗马帝国则在游牧民族的进攻下处境逼仄。613 年，波斯军队攻入地中海东岸，接连占领大马士革和耶路撒冷，连基督教的最高圣物“真十字架”（传说中钉死耶稣的十字架）也被夺走。直到十多年之后，双方才恢复和平。

但此时的主角已经不是他们——610 年，40 岁的穆罕默德在麦加宣布得到大天使的启示，创立伊斯兰教，开始了统一阿拉伯世界各部落的征途。到 630 年前后，阿拉伯半岛腹地的绝大部分领土已经被信仰伊斯兰教的游牧骑兵所控制，并开始朝西方的沙姆和北方的两河平原进军。

636 年，3.8 万名阿拉伯士兵在南部的卡迪西亚（Al-Qādisiyyah）击溃 5 万波斯大军，敲响了萨珊王朝的丧钟。紧接着，他们把兵锋移向东罗马帝国统治下的埃及、迦太基和地中海东岸，并一度从海上逼近君士坦丁堡，几乎使君士坦斯二世皇帝沦为俘虏。

穆罕默德病逝之后，阿拉伯帝国一度采用民主选举或推举的方式来产生最高领袖，历时四代，史称正统哈里发时代。唐朝君臣所知的“噉密莫末腻”阿里，便是其中最后一位。当他在 661 年遇刺之后，来自麦加倭马亚族的穆阿威叶一世（Muawiyah Ⅰ）夺取了哈里发之位，开创了世袭制的倭马亚王朝。

这位穆阿威叶正是655年率舰队从海上进攻君士坦丁堡的指挥官，在他眼中，只有夺取了这座位于欧亚大陆交界地带的“新罗马城”，才能打开阿拉伯军队进入地中海和欧洲大陆的通道。为了那一天，阿拉伯人准备了将近半个世纪。

在阿拉伯世界陷入继承权之争的同时，东罗马帝国同样面临着内部纷争。尽管始终以荣耀的罗马帝国的传承者自居，但当亚平宁和西欧陆续被蛮族占领之后，这个退缩到地中海一角的虚弱帝国已经表现得更像是一个希腊化国家。人们也更乐于用君士坦丁堡的原名Byzantium，称其为“拜占庭帝国”。

在7世纪末的“二十年混乱”尾声期，出生于叙利亚的行伍将领、被讹称为“伊索里亚人”的利奥三世（Leo Ⅲ the Isaurian）夺取了政权，开创了拜占庭的伊索里亚王朝。717年春天，他刚刚登上帝位，就被迫面对阿拉伯人的海陆夹攻。

参与围攻君士坦丁堡的阿拉伯军队总数在12万人左右。他们中的8万名陆上部队从西侧的色雷斯平原切断了城市与欧洲大陆之间的交通，1800余艘海上战船则在南北两个方向建立了封锁线，企图用饥饿迫使守军投降。利奥三世的旗下虽然有50万居民和从全国各地涌入的难民，但正规军只有1.5万人，并且装备不佳。

他们唯一可以仰仗的法宝是秘密武器“希腊火”（Greek Fire）——

一种用黑海沿岸出产的石脑油（轻质石油）混入硫黄、沥青、松香和树脂加热制成，以液体形式储存的火攻材料。两军作战时，点燃希腊火并通过虹吸装置喷射到敌方的阵地和舰船上，便可以燃起难以扑灭的熊熊大火，也可以事先将较轻的希腊火液体倾倒到敌方舰船的停泊地附近，再用火箭引燃，使对手无法逃脱。由于作用距离有限，希腊火不是一种理想的陆战武器，但极为适合海战。利奥三世便是打算将赌注押在这种火器上，指望以海上胜利粉碎阿拉伯人的封锁。

717 年 9 月 3 日，阿拉伯舰队闯入君士坦丁堡北面的金角湾，企图包围守军附属的船只。利奥三世下令向敌军倾倒“希腊火”并立即引燃，烧毁了 20 艘敌船，并俘获了另外几十艘。大惊失色的阿拉伯人被迫将海上封锁线后移，并且不得不在寒冷的气候中度过整个冬天。

直到 718 年开春，阿拉伯人才恢复进攻。但在整个冬天，阿拉伯战舰上的埃及水手们已经备受严寒、饥馑和酷刑的折磨；战斗一开始，他们就纷纷弃船逃跑。守军乘机一拥而出，将“希腊火”倾倒在阿拉伯人的舰队上，引火点燃。拥有 360 艘战船的阿拉伯非洲分舰队几乎在一夜之间灰飞烟灭。

利奥三世随后一鼓作气，在他的保加利亚盟军的配合下袭击了阿拉伯人的陆上部队。718 年 8 月，阿拉伯人被迫退兵。由于在途中遭遇风暴，他们的庞大舰队只有 5 艘回到了埃及的港口。对君士坦丁堡的围困解除之后，利奥三世继续向小亚细亚西部进军，在740年将阿拉伯势力彻底逐出了安纳托利亚。拜占庭帝国得以转危为安，并继续存在到15世纪中叶。

20世纪最重要的拜占庭史研究权威亚历山大·瓦西里耶夫曾经不无夸张地评价道："利奥的胜利不仅挽救了拜占庭帝国和整个东方基督教世界，而且也挽救了整个西欧文明。"这当然有些言过其实，但拜占庭终究是在阿拉伯帝国掀起的惊涛中幸存下来了。

决战图尔平原

> 查理的胜利也许并不足以使西欧免于阿拉伯人的统治，但却足以使他在高卢境内获得优势地位，并建立自己的王朝。若无穆斯林，则法兰克王国可能永远不会存在；若无穆罕默德，则可能永无查理大帝。
>
> ——（英）富勒《西洋世界军事史》

需要拯救的不只是君士坦丁堡。在他们西方2400公里外，另一场影响世界的抵抗战争也在进行着。5世纪初，即中国东晋末年，生活在西罗马帝国境内却不曾经历希腊化"开化"的日耳曼诸"蛮族"

（Barbarian），利用帝国一再内讧的机会开始了入侵，逐渐席卷了整个西欧大陆。476 年，蛮族统帅废掉西罗马帝国末代皇帝罗慕路斯，随后开始了内部倾轧。

经过一番混乱的争斗，东哥特人在今天的意大利境内建立了一个短命的王国，最终在公元 6 世纪中叶被拜占庭军队消灭。西哥特人在比利牛斯山南麓（今天的西班牙）建立了西哥特王国。今天的低地国家荷兰和比利时，当时由弗里斯兰人建立的弗里斯王朝所统治。而在西欧的腹地高卢和日耳曼尼亚，法兰克人成为大混战最后的胜利者，于 5 世纪末建立了墨洛温王朝。

这一轮民族大迁徙和大融合，影响到的远不只是西南欧。5 世纪初，被称为“上帝之鞭”的阿提拉率领游牧民族匈人（Huns）入侵欧洲，将此前活动于第聂伯河流域的原始斯拉夫人驱赶到了多瑙河下游的平原地区。

与他们一同出现的还有在中国的统一战争中失败西逃的柔然人，即阿瓦尔人（Avars）。6 世纪后半叶，裹挟着斯拉夫人的阿瓦尔人一度成为东南欧真正的主人，并迫使拜占庭帝国向其进贡。到了 7 世纪中叶，阿瓦尔人和斯拉夫人又进入今天的巴尔干半岛，控制了整个亚得里亚海沿岸和爱琴海上的要塞。

8 世纪初，即唐朝处在开元初年的那个阶段，法兰克王国的真正实权掌握在精明强干的宫廷大臣丕平二世（Pepin Ⅱ）之手。但他的统治并不能高枕无忧，因为令拜占庭帝国命悬一线的阿拉伯人的威胁同样降临到了西欧头上。

711 年，7000 名从北非渡海前来的阿拉伯人和柏柏尔人（统称为摩尔人）渡过直布罗陀海峡，在欧洲大陆建立了桥头堡。他们从这里冲向阿尔赫西拉斯和加的斯，以这两个港口为跳板侵入了整个伊比利亚半岛，相继占领了西班牙和葡萄牙。

712 年，这支摩尔人军队又越过比利牛斯山，进入了西哥特人统治的阿基坦公国。他们的终极目标是冲过西班牙、法兰克和日耳曼，绕到君士坦丁堡背后，与包围拜占庭首都的舰队一起攻下这座城市，并最终把地中海变成“伊斯兰海”。

在这一远大目标激励下，摩尔人军队在 719 年占领了纳博纳，725 年攻克卡尔卡松，726 年势如破竹地进抵勃艮第地区，并向北继续渗入孚日山脉。与此同时，法兰克王国正在经历一场宫廷斗争。丕平二世于 714 年去世后，其侍妾所生的庶子查理·马特（Charles Martel，意为“铁锤查理”）成功夺权，并开始了对撒克逊和多瑙河流域其他蛮族和斯拉夫人控制区的讨伐。

当摩尔人统帅阿卜杜勒·拉赫曼指挥的阿拉伯军队席卷阿基坦之时，查理还在多瑙河上作战。直到 731 年，当阿基坦公爵奥多明确承

732 年 10 月，查理 · 马特指挥的法兰克军队在图尔之战中击退摩尔人远征军，使西欧免于被阿拉伯帝国所吞并

诺愿将失去的属地并入法兰克之后，查理才胜利西归，在克兰河畔的普瓦提埃（Poitiers）与摩尔人相持。732 年 10 月 10 日，双方在附近的图尔（Tours）爆发了最终决战。

和西欧历史上其他声势浩大的战役相比，图尔会战的规模和战术水平都不算很惊人。阿卜杜勒的 2 万多名摩尔人骑兵大部分不着甲胄，身后还跟随着大批流民和运载战利品的骡马，主要依靠集体冲锋来取胜。查理麾下的 1.5 万部队则主要是重装步兵。法兰克人将他们的主力组成一个坚强的长枪方阵，抵挡住了阿拉伯骑兵的持续冲击。

摩尔人攻击了整整一天，给法兰克人造成超过 1000 人的伤亡，并一度突破了方阵外围的防御，但始终未能破坏查理的队形。而在黄昏时分，查理派出奥多指挥的阿基坦部队绕过敌军侧翼，进入阿卜杜勒的营地进行袭扰，阿卜杜勒当场被杀。习惯于以几次狂热的冲击就取得大捷的摩尔人开始动摇了：他们的目标不仅是征服土地和人口，更是劫掠财物。当大营中出现敌军的消息传来时，摩尔人骑兵几乎全部掉头回去救护。第二天上午，当查理再度组成方阵向前进军时，发现他的敌人已经带着财物仓皇南逃了。

图尔会战给摩尔人造成的伤亡总数不超过 1 万人，但它使阿拉伯帝国的内部裂痕立即变得公开化了。北非摩洛哥地区的柏柏尔人随即宣布独立，脱离了阿拉伯帝国的控制。留在西班牙境内、与阿拉伯本土音讯隔绝的摩尔人残军则在 15 世纪最终被卡斯蒂利亚王国所驱逐和收服。但最重要的影响还是对法兰克王国本身而言——现在，阿拉伯人已经无法再阻挡法兰克王国将西欧纳入一个基督教政治共同体的野心了。由于查理在图尔会战中建立的声望，正在与拜占庭皇帝利奥三世陷入对立的教皇也开始和他修好，增加了他的正当性。

查理·马特之子“矮子”丕平（714—768）开创了法兰克王国历史上的加洛林王朝，他的儿子即为著名的查理曼大帝

751 年，查理·马特的儿子“矮子”丕平（Pepin the Short）废黜了年幼的墨洛温王朝末代君主希尔德里克三世，自立为“法兰克人的国王”，开创了加洛林王朝。不久，教皇斯蒂芬二世又为他重新加冕，并赋予其“罗马副执政”的头衔。

768 年这位丕平去世后，其子查理曼（Charlemagne）通过对外征伐，将法兰克王国的版图扩大到了今天的法国、德国、荷兰、瑞士、意大利北部、波希米亚、奥地利西部以及伊比利亚半岛东北角。800 年，教皇将传统上仅授予西罗马帝国皇帝的“罗马人的皇帝”称号转颁给查理曼，成为神圣罗马帝国的开端；查理曼也因此享有“大帝”之名。

在他身故之后，通过 843 年签署的《凡尔登条约》，在原加洛林帝国的版图上诞生了中法兰克（后演化为意大利）、西法兰克（后演化为法国)、东法兰克(后演化为德意志)三个国家。此时唐朝已是武宗在位年间，东西方两个帝国一同进入了新的衰变和分裂期。

帝国在西域

开元之前，贡输不绝。天宝之乱，边徼多虞，邠郊之西，即为戎狄，藁街之邸，来朝亦稀。故古先哲王，务宁华夏，《语》曰："近者悦，远者来。"斯之谓矣！

——《旧唐书·西戎列传》

"西域"这一概念开始在中国历代史书中出现，始于1世纪的《汉书》。班固在当时为这一地理概念划定的边界，乃是"南北有大山，中央有河，东西六千余里，南北千余里。东则接汉，厄以玉门、阳关，西则限以葱岭"，大约相当于今天的新疆南部。

《汉书·西域列传》所收录的内容，已经远远超出了这一范围，几乎将中原以西的所有部落统统纳入其中，暗示了历代中土王朝的边疆观念——一切可能危及核心农耕区安全的"边患"，皆应被重视。因此在唐朝开国之初的7世纪，便有太宗、高宗两朝平灭西北的远征突厥之役。

640 年，唐征服高昌，随即在当地设安西都护府；至开元初年，其管辖范围囊括了龟兹、于阗、疏勒、焉耆四镇，已经深入今天的吉尔吉斯斯坦和阿富汗。原居中亚的粟特人（Sogdia，即唐人所称的“昭武九姓”）大批入华，便是发生在这一时期。

尽管新兴的吐蕃逐步取代了突厥，成为唐在经营西域时的大患，但双方总体上仍是互有攻防。其间还夹杂着文成公主、金城公主入藏之类的缓和期，未曾形成晚唐时代狼烟四起的局面。

真正的剧变，仍是阿拉伯帝国崛起的影响。波斯萨珊王朝灭亡之后，阿拉伯帝国的东部边界已经与吐蕃以及唐所笼络的西域诸小国直接接壤，双方摩擦不断。至 746 年，倭马亚王朝发生内乱，哈里发继承权转移到以巴格达为中心的阿拔斯家族之手，阿拉伯帝国进入了阿拔斯王朝（黑衣大食）时代。个中经纬，当时并未为唐人所详知。

但在倭马亚王朝后期，名义上向唐臣服的西域诸国时有首鼠两端、同时归附阿拉伯人的情况，令新任安西副都护、四镇都知兵马使高仙芝大感不满。这位出生于高句丽的边将挟新胜吐蕃和小勃律（在今克什米尔北部）之利，于 750 年出兵石国（今塔什干），引发了唐军与阿拉伯骑兵之间的正面冲突。

751 年 7 月底，两军在今天哈萨克斯坦的怛罗斯城附近对峙。高仙芝与副将李嗣业调用了安西都护府下属 2.4 万名正规军中的 2 万人，皆带陌刀、穿铠甲，并配备有马匹。另有约 1 万名拔汗那国援军和葛逻禄（Karluks）雇佣兵伴随。阿拉伯军方面，主将阿布 · 穆斯林（Abu Muslim）除去调集约 4 万名呼罗珊人正规军外，尚有大批附庸国军众同行（有记载称人数在 10 万以上）。中方将弁皆是百战之师，单兵战斗力不俗，但马匹素质无法与对手相比，且系劳师远征（此时已深入中亚 700 余里）。而阿拉伯联军坐拥内线位置，自可从容应对。

激战持续了四天四夜，到第五天傍晚，自觉以寡敌众绝无胜算的葛逻禄后备军突然反叛，将唐军步兵与骑兵之间的联系切断，阿拉伯军队则乘机鸣鼓突击。高仙芝、李嗣业仅率数千人从乱军中突围而出，其余兵将大半死于阵中。自此，唐在葱岭以西的势力范围大部落入阿拉伯帝国控制之下，形成了新的均势。

阿拉伯史料所记怛罗斯战役唐军的伤亡、被俘人数在 7 万人左右，唐人杜佑所撰《通典》的记录与此相近，被近世历史学家认为大大超出了高仙芝麾下实际可动员的人数。对此役遭遇惨败一事，唐人亦不曾隐瞒。

离奇的是，《旧唐书 · 高仙芝传》对怛罗斯之战完全不曾提及，仅在《李嗣业传》下留下了“仙芝众为大食所杀，存者不过数千”的记录。阿拉伯世界的诸种史书中，也仅有两处文本提及这场大战，未免过于低调。

诚如中西关系史研究学者王小甫教授所言，唐在葱岭以西的经营，出发点本为避免吐蕃与西突厥两强合流、对中原核心区构成威胁；若这一威胁不甚显明，则究竟当在安西四镇投入多少财力和人力，完全可以根据现实需要做出调整。在空间区隔已经足以稀释阿拉伯帝国的东进野心的情况下（更何况在怛罗斯战役结束后不久，呼罗珊地区就爆发了反对阿拔斯王朝的叛乱），强行对此役的失利做出报复未免显得过于靡费。

从 753 年新任安西副都护封常清攻破大勃律的情形推断，唐在西域的军事和政治存在并未因怛罗斯的失利就毁于一旦。真正带来转向的是安史之乱造成的中央政权控制力和财力下滑，使唐不得不放弃继续经营西域。

8 世纪末，安西四镇最终遭到裁撤。以葱岭为界，唐和阿拉伯的势力范围在中亚实现了新的平衡。中亚的伊斯兰化趋势固然就此得到奠定，在怛罗斯被俘的唐军匠人和文士却也将造纸术、纺织术等中原文明传播到阿拉伯世界，成为一种特殊的交流和融合方式。

在全球范围内，四大帝国体系的势力范围和文明传播边界大致已经澄清。它们将继续航向蒙古帝国崛起带来的世界史剧变，直至现代文明的纪元最终破晓而出。

唐墓壁画和盛唐风貌[1]

被揭取壁画的唐墓约有 60 座

陕西历史博物馆库藏文物 37 多万件，国内博物馆在数量上多于它的，只有故宫博物院和国家博物馆。《唐墓壁画研究文集》作者、陕西历史博物馆原馆长周天游说，他 1998 年去台北故宫博物院，和时任馆长聊起各自馆藏，对方曾半开玩笑说：“不服北京的故宫，也不服上海博物馆，只有你们，我服气，那是老祖宗地下留的好东西。”“他其实是想告诉我，陕西历史博物馆的馆藏最有特点。”故宫重宫廷收藏，上海博物馆多传世藏品，而陕西历史博物馆的馆藏多是地下出土文物，其中就包括最有特色的唐墓壁画。

壁画是唐代绘画艺术的一种主要表现形式。《历代名画记》《唐朝名画录》等书收录

---

① 本文作者为贾淼。

206位唐代画家，其中有110位参与过壁画绘制，阎立本、吴道子、王维、周昉，这些著名画师都在长安、洛阳两都留下过壁画画迹，其中仅吴道子一人就作壁画300多堵。“唐代壁画大致有三类：宫廷壁画，包括豪门贵族宅院里的装饰壁画，随着宫楼殿堂被毁弃，它们也就荡然无存了。宗教壁画，留存下来的主要在石窟寺里，题材为佛经故事。保存最好的是考古发掘出土的墓葬壁画，多为宫廷画师作品，艺术价值很高，我们现在看到的唐墓壁画就是这类代表。”周天游说。

唐墓壁画绘制在泥灰质地的墙面上，这种墙面厚度仅0.2~1.5厘米，质地脆弱易脱落，当温度、湿度发生变化或者光照过度，颜色也极易褪变，所以揭取和保存的难度都很大，这也是多年来陕西历史博物馆未能将这些壁画公开展示的原因。周天游说，陕西地区从1949年到现在，发掘了唐墓2000余座，只在90余座里发现有壁画，已经揭取的在60座左右。目前陕西历史博物馆藏有其中540幅，总面积1000多平方米，包括《宫女图》《客使图》《打马球图》《狩猎出行图》《阙楼图》等有代表性的珍品。

自1952年这些唐墓壁画陆续出土后，半个多世纪里，陕西历史博物馆只在1991年6月新馆开放时展出过其中40幅，那也是其间唯一一次公开展览，直到2011年位于陕西历史博物馆东展馆的唐墓壁画馆落成后，公众才终于可以看到壁画的日常展示。这个壁画馆由中国与在壁画保藏修复技术方面具有顶级水准的意大利合作建造，建筑面积 4200 平方米，总投资 7300 多万元。

壁画呈现的唐代社会风貌

为了把生前所好和各种生活场景带到冥界，唐代皇室贵族请人在自己墓葬中绘制的壁画几乎完全以现实生活为内容，墓主生前的社会地位、日常生活、等级待遇等都可据此来推断，它们以非常直观的方式提供了唐代社会尤其是上层社会的各种资料，史料价值很高。周天游认为，“唐前后的朝代也有墓葬壁画出土，但在数量和艺术价值上都不能和唐墓壁画相比”。

陕西历史博物馆所藏壁画珍品，多数出自陪葬乾陵的章怀太子、懿德太子和永泰公主墓，也有部分是昭陵的房陵公主和金城公主的陪葬。章怀太子即唐高宗和武则天的次子李贤，680 年被武则天废去太子位，四年后于贬谪地巴州被逼自尽。706 年唐中宗下旨以亲王礼将他迁葬乾陵，711 年唐睿宗追谥他为章怀太子。

李贤墓中壁画规格较高，对唐代皇室生活场景做了成序列的生动记录：《客使图》绘的是接见外域来使场面，在唐代这是画家都热衷表现的政治生活主题，唐初阎立本就有绢本《职贡图》和这相似，现

（唐）陕西懿德太子墓出土的《阙楼图》，藏于陕西历史博物馆

藏于台北故宫博物院。《客使图》上，三位正在商量事宜的鸿胪寺官员显得泰然自在，三位来使在拱手等待，周天游说，有专家根据服饰推测前两位使臣分别来自东罗马、新罗，最右边那位应该是东北少数民族地区的靺鞨或渤海人。

鸿胪寺为唐代掌管民族、外交事务的宫廷机构，下设礼宾院，到长安朝见的外国或者少数民族来使都由鸿胪寺官员依照等级招待，走时还要礼尚往来，为来使准备好与进贡物品价值相当的回赐。

章怀太子墓中另有珍品《打马球图》和《狩猎出行图》，记录了皇室成员的娱乐场景。马球是盛行于唐代的大众娱乐活动，原名“波罗球”，隋唐前后从波斯经西域传入，在皇室贵族中也很普及。马球约拳头大小，里面用碎木填充，外观涂朱红色。此壁画中，七个骑手手执球杖往来奔突，人、马都气势迫人，山水布局也气韵流动。《狩猎出行图》更是长达 12 米，绘了近 50 个骑马人物，画中细节可见架鹰、带犬，还有猎豹。博物馆资料上介绍，唐朝用于狩猎的猎豹多为西域贡品，画面中那些深目高鼻的骑士也是来自中亚的胡人，可见唐人和外域交往十分平常。

“章怀太子墓里的《观鸟捕蝉图》《侍女图》，永泰公主墓里的《宫

（唐）章怀太子墓出土的《狩猎出行图》（局部），藏于陕西历史博物馆

（唐）章怀太子墓前室西壁的《观鸟捕蝉图》，藏于陕西历史博物馆

女图》，对唐代妇女的服饰、气度都表现得极其生动，也表现了唐代妇女有比较高的社会地位。”周天游说。唐代崇尚胡装和胡舞，在《狩猎出行图》里就有两个唐朝骑士身着胡装，女子更是以女着男装和着胡服为时尚，唐诗中便有“胡音胡骑与胡装，五十年来竞纷泊”的描述。

永泰墓《宫女图》中，站在最末的那个少女着装为翻领左衽，长裙下露出窄裤，穿尖头鞋，这是典型的胡妇装扮。《观鸟捕蝉图》捕捉了三名宫女闲暇时观鸟捕蝉的瞬间神态，中间的小宫女穿了男装的圆领窄袖袍服，腰上系黑带，光彩照人。

（唐）永泰公主墓前室东壁南侧的《宫女图》，藏于陕西历史博物馆

从已发现的资料看，唐墓壁画中最早出现的男装侍女形象见于唐高宗永徽二年（651 年），武则天至唐玄宗时期则更加盛行。唐高宗时期的宫人均喜男装，连公主也如此打扮。在高宗妹妹新城公主的墓葬壁画上，已频繁可见男装宫女形象，有手捧书画的，有秉持烛台或包裹的，虽然身为侍女，也显得气度娴静，男装在身却毫无异态，可见这是平常装束。

鎏金铜铺首

鎏金铜铺首，直径 25.8 厘米，环径 20.7 厘米，西安市唐大明宫遗址出土。铺首圆形底盘边缘一周联珠纹，中心浮雕龙形兽面纹，兽口舌卷铜环。从出土地点推测鎏金铜铺首是大明宫宫殿门上的构件。铺首具有启闭门扉或叩门的功能，不仅是含有驱邪意义的传统建筑门饰，而且有彰显皇宫威严、皇

（唐）唐大明宫遗址出土的鎏金铜铺首，藏于陕西历史博物馆

① 本文由蒲实主笔。

家君临天下的气势的意义。含元殿是大明宫的前朝第一正殿，是皇帝举行庆典活动之所，也是长安城的标志性建筑。唐代诗人王维在《和贾舍人早朝大明宫之作》一诗中描绘了大明宫早朝的壮丽画面："绛帻鸡人报晓筹，尚衣方进翠云裘。九天阊阖开宫殿，万国衣冠拜冕旒。日色才临仙掌动，香烟欲傍衮龙浮。朝罢须裁五色诏，佩声归到凤池头。"宫人扣动金铺首、开启宫殿正门，迎来万国来朝的朝会，也迎来大唐盛世。而经过安史之乱，大唐由盛而衰，晚唐诗人杜牧路过兴庆宫，在《过勤政楼》中哀叹："千秋佳节名空在，承露丝囊世已无。唯有紫苔偏称意，年年因雨上金铺。"曾经被频繁开启、扣动的宫门金铺首如今无人触动、布满紫苔。

《客使图》

《客使图》，高 185 厘米，宽 247 厘米，乾陵陪葬墓章怀太子墓（神龙二年，706 年）墓道东壁。墓道东西壁的两幅《客使图》生动地表现了唐朝官员接待各国使者的情景。位于东壁的《客使图》画面构图分为两个单元，左侧是三位唐朝官员组成的闭合的圆圈，右侧是三位外国使者组成的开放的布局。推测三位唐朝官员为鸿胪寺官员，均着初唐时期的朝服，头戴笼冠，身穿阔袖红袍，白裙曳地，腰系绶带，手持笏板，足登朝天履，三人相对似在商议。后面三位外国使者

（唐）出土于章怀太子墓的壁画《 客使图》，藏于陕西历史博物馆

均拱手躬身恭敬地站立，似在期盼、等待。为首一人秃顶卷曲黑发，高鼻深目，身穿翻领紫袍胡服，腰扎束带，足穿黑靴，推测应是来自拜占庭帝国的使节。中间一人头戴红色鸟羽冠，身穿宽袖红领白短袍，下穿大口裤、黄皮靴，推断是来自朝鲜半岛的新罗国使节。最后一位头戴翻耳皮帽，内着圆领黄袍，外披灰蓝大氅，下穿黄色毛皮窄裤、黄皮靴，应是来自我国东北寒冷之地的靺鞨族使节。据记载唐王朝曾与 300 多个国家和地区互相交往。长安城内设有鸿胪寺、典客署、礼宾院等机构，专门管理和接待外国宾客和少数民族使节。

狮子纹白玉带銙

狮子纹白玉带銙（kuǎ，1 副），西安市南郊何家村窖藏出土。何家村窖藏共出土 10 副玉带，盛放狮子纹白玉带銙的银盒上墨书题记为“碾文白玉纯方銙一具，一十六事并玉玦”。狮子纹白玉带銙由方銙、

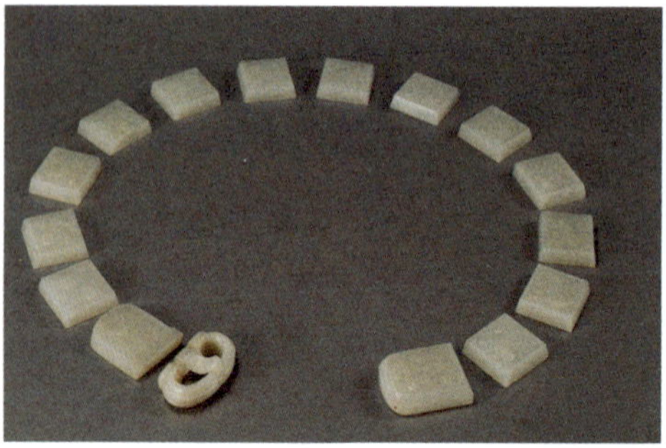

（唐）西安市南郊何家村窖藏出土的狮子纹白玉带銙（1副），藏于陕西历史博物馆

圆首矩形銙（扣柄）、圆首矩形铊尾、玉带扣等总计16件组成。其中大銙长5厘米，宽3.8厘米，厚1厘米；方銙长3.8厘米，宽3.6厘米，厚0.6厘米；铊尾长4.8厘米，宽3.8厘米，厚0.6厘米。15块带板上碾琢了姿态各异的狮子15只。纹样的雕琢方法为平面上斜刻剔地，再刻画眼睛、鬃毛等细部。

从何家村窖藏出土的10副玉带銙可推测它们的主人拥有高贵的身份和等级。隋唐时期建立了严格的章服制度，不同等级的官员，其革带的质地与銙数各异。玉带始终是唐代皇室贵族和三品以上官员专用的高贵物品。狮子纹白玉带銙材质为来自西域的和田玉，纹饰所表现的狮子是汉代以来沿着丝绸之路传入中土的异域动物，可见外来文明已经巧妙地融入了唐朝贵族生活。

海兽葡萄镜

（唐）郑仁泰墓出土的海兽葡萄镜，
藏于陕西历史博物馆

海兽葡萄镜，直径 21.3 厘米，汉中市西乡县出土。镜的背面中央为伏兽钮，弦纹高圈将镜背纹饰分为内外两区，内区以舒卷缠绕的枝蔓连接的葡萄纹为底纹，浮雕 8 只姿态各异的海兽环绕镜钮；外区外缘凸起，装饰一周卷云纹，外缘以内区域一周以葡萄纹为底纹，其间装饰刻画细致的海兽和飞鸟，奔跑、飞翔于葡萄枝蔓之间。

海兽葡萄镜是在隋至唐初流行的瑞兽镜基础上发展而来的，但去掉了铭文和规矩刻板的图案化装饰，代之以新颖浪漫的海兽葡萄纹饰。礼泉县昭陵陪葬墓郑仁泰墓（麟德元年，664 年下葬）出土的海兽葡萄镜证明初唐时期海兽葡萄镜已经出现，高宗至武周时期开始流行，是最早将高浮雕艺术使用在铜镜上的作品，具有开创性和观赏性。“海兽葡萄镜”之名出自清代梁诗正等奉敕纂修的《西清古鉴》，这个定名为现代学者所广泛接受。“海兽”是以狮子为原型，根据想象、结合诸种动物特征合成的神兽，装饰在铜镜背面更是一种祥瑞符号化的表现方式；葡萄经丝绸之路传入长安，它茂密的果实象征着“多子多福”。海兽葡萄镜铸造工艺高超，镜背多层次的浮雕装饰错落有致，具有立体感，饱满富丽的风格不仅体现了盛唐时期繁荣富强的时代风貌，外来纹样的海兽和葡萄融入铜镜这种中国传统工艺品，也体现了开放包容的大唐风度。

鸳鸯莲瓣纹金碗

鸳鸯莲瓣纹金碗，高 5.5 厘米，口径 13.5 厘米，重 391 克。西安市南郊何家村窖藏出土。何家村窖藏出土两件造型、纹饰一致的金碗，是唐代金银器的代表作。金碗敞口、鼓腹、喇叭形圈足，造型饱满庄重。碗内外壁以多种中西方工艺装饰精美富丽的纹饰，是典型的

（唐）西安市南郊何家村窖藏出土的鸳鸯莲瓣纹金碗，藏于陕西历史博物馆

唐代艺术风格。金碗主体锤揲成型，圈足和碗体焊接而成，内外壁錾刻多层次纹饰。金碗外壁满布珍珠地纹，腹部锤揲出双层仰莲瓣，上层莲瓣中分别錾刻鸳鸯、鹦鹉、鸿雁、鹿等珍禽异兽，下层莲瓣内刻忍冬花草。碗内底珍珠地纹上装饰宝相花。圈足底沿装饰一周联珠纹，内底流云纹中刻一只飞鸟。金碗壁面锤揲出莲瓣的装饰工艺直接受到粟特金银器的影响，这种工艺起源于公元前 6 世纪地中海沿岸的希腊罗马，传播至西亚和中亚。活跃于丝绸之路的粟特工匠熟练地掌握锤揲工艺，制作出大量使用凸鼓多瓣纹装饰的金银器。

唐代随着丝绸之路的繁荣，东西方文明交流互动空前繁盛，大量西方金银器和金银工匠进入内地，深刻地影响了中国金银器工艺的发展。从金碗可见唐代金银器已经完全吸收并掌握了外来工艺，以高超的工艺和巧思表现鸳鸯、莲花、蔓草等唐朝人喜爱的吉祥纹饰，创造出符合唐朝人审美理念的精美器物。鸳鸯莲瓣纹金碗闪耀着中西文明的光芒，代表着唐人的创新精神。

兽首玛瑙杯

兽首玛瑙杯，长 15.6 厘米，高 6.5 厘米，口径 5.9 厘米，何家村窖藏出土。玛瑙杯选用红、棕、白三色相杂的玛瑙制作，俏色纹理和杯体造型的巧妙结合使得玛瑙杯轻盈飘逸，充满动感。这种缠丝玛瑙

（唐）西安市南郊何家村窖藏出土的兽首玛瑙杯，藏于陕西历史博物馆

多产自西域。玛瑙杯整体似兽角状，前端刻画出牛形兽首，嘴部镶金盖，推测为饮酒器。

兽首玛瑙杯的造型仿自西方传统的角杯——来通（Rhyton），希腊的克里特岛在公元前 1500 年已出现此种器物，是礼仪和祭祀活动中注神酒的圣物。来通传入亚洲，广泛流行于美索不达米亚至外阿姆河地带的广大区域，在西亚、中亚，特别是萨珊波斯（今伊朗）十分常见。在撒马尔罕附近的片治肯特粟特壁画中出现兽首来通，其头部造型为带双角的牛首，应体现了粟特式来通的造型特征。新疆和田约特干遗址的考古发现证明，3 或 4 世纪时来通传入西域，6 世纪来通开始在内地出现。从唐代以前的图像资料来看，这种酒具常出现在胡人的宴饮场面中，如山西省太原隋开皇十三年（593）虞弘墓石椁浮雕有持角状器于口边的人物形象。据孙机先生研究，兽首玛瑙杯的造型仿自粟特式来通，制作年代约为6世纪后期至7世纪前期，可能是在长安的中亚或西亚的工匠抑或是唐代工匠学习外来工艺后制作的。这种具有异域风情的饮酒器具融入唐朝贵族的日常生活，反映了他们开放豪迈的风尚。

三彩胡服女骑俑

三彩胡服女骑俑，高33厘米，长27厘米，乾陵陪葬墓永泰公主墓（神龙二年，706年）出土。骑马女子双臂平举，应在持缰绳驾马。她的身姿干练优美，头梳高髻，身穿衣袖、腰身紧窄称身的绿色胡服，胸前翻出红色领。女性骑马是汉唐之间社会风尚的一次巨大变化。汉唐时期丝绸之路带来的重要文明成就是骏马融入汉民族的生活。汉武帝为

（唐）乾陵陪葬墓永泰公主墓出土的三彩胡服女骑俑，藏于陕西历史博物馆

了提高骑兵的作战能力，先后从西域的乌孙和大宛引入良马，大宛汗血宝马深得汉朝人们的喜爱，被称为“天马”。北朝时期北方游牧民族进一步将骑马文化传播至中原，隋唐时期骑马成为军事和社会生活中不可缺少的内容，不仅男性普遍骑马，而且受到胡风影响，妇女骑马成为一时风尚。

从初唐至盛唐的高等级墓葬中经常出土女骑马俑，应当是当时现实社会女性骑马风尚的真实写照。骑马女性的装束从初唐到盛唐逐渐由遮蔽到开放，反映了唐朝逐渐开放的社会风气和女性更加自由的精神气质。李白的《幽州胡马客歌》描绘边地女性骑马射猎的英姿：“……妇女马上笑，颜如赪玉盘。翻飞射鸟兽，花月醉雕鞍……”张祜的《集灵台》描写杨贵妃的姐姐虢国夫人骑马入宫的轻快和洒脱：“虢国夫人承主恩，平明骑马入宫门。却嫌脂粉污颜色，淡扫蛾眉朝至尊。”可见盛唐时期女性骑马风尚的普遍流行。

《乐舞图》

《乐舞图》，高 233 厘米，宽 396 厘米，西安市长安区大兆街办郭庄村韩休墓（开元二十八年，740 年）墓室东壁出土。墓主韩休（672—740），字良士，是唐玄宗朝的名相，在《新唐书》《旧唐书》《资治通鉴》等史书中均有记载。其子韩滉绘有传世名画《五牛图》。《乐

（唐）出土于韩休墓中的《乐舞图》，藏于陕西历史博物馆

舞图》正对着墓室西侧墓主人的棺床，描绘了庭院中的乐舞景象，风格轻松浪漫，气氛喜乐圆满，似在营造墓主人来世仍在享受歌舞的“乐园”意象。

画面共绘有男女乐舞伎 14 人，分男女两组对称构图，左侧为汉人女子，右侧为胡人男子，相对歌舞。女子乐伎所执乐器有筝、箜篌、笙和拍板，与隋唐传统汉族乐舞清乐（清商乐）相近；男子演奏的乐器有排箫、曲项琵琶、箜篌、筚篥和小铜钹，与流行于盛唐的“胡部”乐相近。男女舞者相对舒臂而舞，从身姿可见在轻盈地旋转，但是与胡旋舞高速旋转、紧张激烈的舞姿不同，体现出唐朝贵族优美典雅的风韵。

三彩载乐骆驼俑

三彩载乐骆驼俑，通高 56.2 厘米，长 41 厘米，骆驼高 48.5 厘米。西安市西郊中堡村唐墓出土。唐三彩是一种低温釉陶，因其釉料在烧

（唐）西安市西郊中堡村唐墓出土的三彩载乐骆驼俑，藏于陕西历史博物馆

制过程中自然变化而创造出瑰丽多彩的艺术效果。三彩载乐骆驼俑釉色鲜明亮丽，造型新颖生动。唐代工匠用浪漫的艺术手法将舞台设置于驼背之上，仿佛在演奏一曲丝路上飘扬的乐章。7 名男乐手头戴黑色幞头，身穿黄色、绿色、白色圆领束腰长袍，面朝外盘腿而坐，分别演奏笙、箫、琵琶、箜篌、笛、拍板、排箫。裙装女歌者站于男乐手之中引颈歌唱，右臂举至胸前，左臂下垂。乐团成员表情恬静甜美，仿佛陶醉于演奏之中。

从乐器组合推测是在演奏开元、天宝时期的“胡部新声”，即胡汉文化融合后的新舞乐。唐代段安节所撰《乐府杂录》“胡部”条记：“乐有琵琶、五弦、筝、箜篌、筚篥、笛、方响、拍板，合曲时亦击小鼓（铜）钹子，合曲后立唱歌。”《新唐书》卷二二《礼乐志十二》记：“开元二十四年（736 年），升胡部于堂上。”推测在唐朝正式允许“胡部”乐在宫廷殿堂演奏之前已经广泛流行于民间，沿着丝绸之路传入中原的胡乐胡舞深受唐朝各阶层人们的喜爱。

（唐）西安市南郊何家村窖藏出土的镂空飞鸟葡萄纹银香囊，藏于陕西历史博物馆

镂空飞鸟葡萄纹银香囊

镂空飞鸟葡萄纹银香囊，外壁直径 4.6 厘米，链长 7.5 厘米，重 36 克，西安市南郊何家村窖藏出土。法门寺地宫出土同类物品，与同出《衣物帐》石碑记载的唐僖宗供奉“香囊二枚重十五两三分”对照而得知其名为香囊。香囊外壁为镂空银球，装饰飞鸟纹、葡萄纹和忍冬花纹，以中部水平线为界分割为两个半球，一侧以铰链相连，另一侧以活轴相套合。下半部球体内设两层银制的双轴相连的同心圆机环，内部承托半圆形焚香金盂。外壁、机环、金盂之间用银制铆钉铆接，可以自由转动。由于机环和金盂自身重力，无论如何转动金盂总能保持平衡，香灰不外撒。它的构造原理与现代陀螺仪相同。香囊顶部有环纽套接链条，上部有弯钩以供悬挂香囊，可悬挂于室内，也可以随身佩戴。

《旧唐书 · 杨贵妃传》记载安史之乱后挖开杨贵妃马嵬坡旧冢，发现“初瘗时以紫褥裹之，肌肤已坏，而香囊仍在”。由此推测杨贵妃佩戴的是这类金属香囊。先秦时期即有熏香习俗，汉代发现大量熏香用具。随着张骞凿空西域，胡椒、丁香、迷迭香、安息香等外来香料沿着丝绸之路传入中原，丰富了贵族生活。唐代熏香习俗更加流行，成为社会生活和宗教礼仪的重要内容，源自非洲、欧洲、南亚、中亚等地的大量香料通过陆地和海上丝绸之路传入中国，使大唐文明散发着迷人的丝路芬芳。

城市

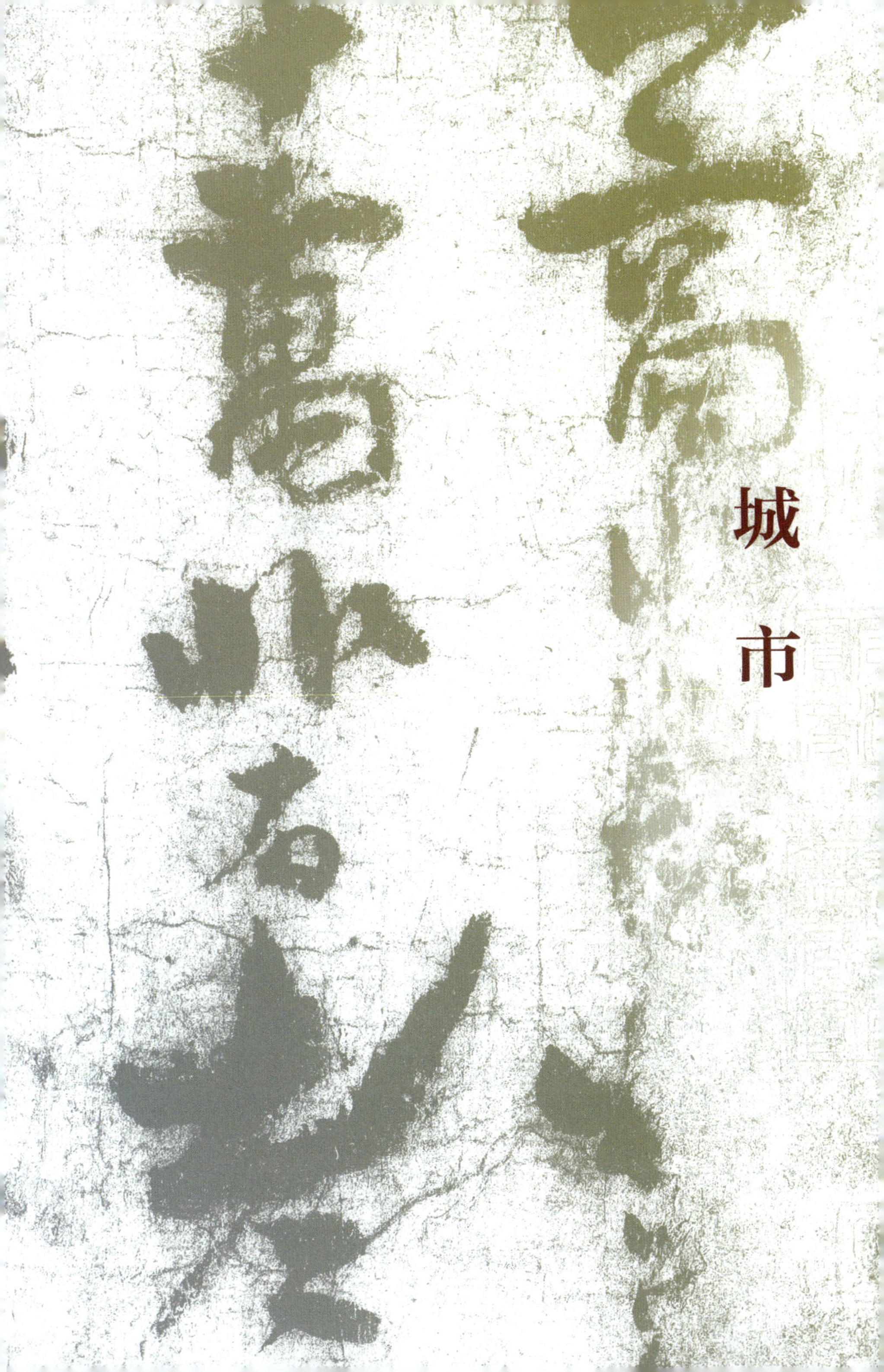

种族与信仰不同的人都能在此和平共处，这与当日欧洲因人种及宗教而发生凶狠的争端相较，成为一个鲜明的对照。

函谷壮皇居

“秦川雄帝宅，函谷壮皇居。绮殿千寻起，离宫百雉余。连甍遥接汉，飞观迥凌虚。云日隐层阙，风烟出绮疏。”唐太宗李世民一首《帝京篇》，以其君临天下的豪迈雄壮气魄，写意挥洒的笔触，描摹了唐代都城长安的盛景与气派。

唐都长安的前身，是隋代初期宇文恺主持兴建的大兴城，《元和郡县图志》记载说：“隋氏营都，宇文恺以朱雀街南北有六条高坡，为乾卦之象，故以九二置宫殿，以当帝王之居，九三立百司，以应君子之数，九五

① 本文作者为朱步冲。

贵位，不欲常人居之，故置玄都观及兴善寺以镇之。”意即参照周易象数理论，比照乾符六爻，进行都城总体布局设计。

唐长安外郭城的范围和位置，在 20 世纪 50 年代末 60 年代初的考古发掘中已被探明。根据《隋书》《唐六典》《长安志》《长安图》《类编长安志》《长安志图》《唐两京城坊考》诸书中的记载，长安城“东西广十八里一百一十五步，南北长十五里一百七十步，周六十七里，其崇一丈八尺”。唐代的里程，大程是 360 步为一里，小程 300 步为一里；大尺 12 寸，小尺 10 寸，唐代建筑长安城用大程里和大尺折合计算后，外郭城墙的总长度已经达到 36 公里左右，这在 1300 年前，无疑是一件举世无双的宏伟工程。

根据今日考古学家的实体探测，庞大的唐代长安外郭城墙为版筑夯土墙，平均高度在 5 米左右，城墙基宽约 9 至 12 米，总长度将近 33 公里，累次叠筑，逐渐加高。东西南北城墙基点分别位于今日西安市新开门村、胡家庙，西郊任家口村，南郊木塔寨村；外部拥有防护型城濠，宽 9 米多，深度 4 米，到了中唐后，逐渐被废弃填平。唐长安城门建设比较完善，城门均包砖，增加了牢固程度，原因在于唐代已经有了抛石车等重型攻城武器装备，单纯的夯土城墙已经无法抵御这些武器带来的极大破坏力。在唐长安城的城墙上，皆筑有环城一周凹凸形女墙用以加固防御，其中南北城墙中段，各有一部分被利用为宫城以及大明宫的宫墙，因此被增高为三丈五尺，各城门处以及城墙各段，都有专门机构督促执掌卫士，不时进行修葺补筑。

高宗即位后，国势强盛，经济实力不断提高，长安原有低矮的城墙不仅有碍观瞻，也无法应对北方游牧民族南下时的侵略与骚扰，因此对城墙进行大规模修缮加高势在必行。为了突显大唐之强盛，唐王朝于高宗永徽五年（654）对长安外郭城增修两次；玄宗时期，也对长安城进行了大规模增修。经过数次大规模修建后，至开元年间，长安外郭城墙高度也为一丈八尺，5 米左右。

整体布局上，隋唐长安城改变了中国自春秋以来，宫城位置在郭城一隅，官衙与民居混杂的布局，而将其置于城市中央，并在宫城之南修建专置中央衙署与禁军机构的皇城，从而突出皇权与中央政府威

西安古城安定门城楼箭楼是古城墙四座门中保存最完好的（摄于 20 世纪 80 年代）

权。唐长安城中宫城与皇城的全新格局，突破了以往都城仅有内城外郭的传统格局，宫城在都城的北部正中，是帝王所居；皇城在宫城南部，集中了中央官署办公机构。纵横相交的路网把外郭城划分为 108 个坊，设置居民区和市场区。

街衢绳直，自古帝京未有

长安城在整体布局上，严格地中轴对称，如外郭地区，以东西中央的朱雀大街为中轴线，东西两大区各自划分为 55 坊加 1 市；皇城地区，以东西中央的承天门南北大街为中轴线。外郭城地区各设东西向 14 街与南北向 11 街，极端平直，“街衢绳直，自古帝京未有”。由此形成的方格状坊里，除皇城正南 36 坊仅开东西两门外，其余坊里均设东西南北四向坊门，四周设坊墙。形制上也整齐划一，皇城以南东西十列坊，南北长 350 步；宫城东西两侧与皇城东西两侧 12 坊，长度均为 650 步；布局上也相应术数，皇城两侧南北排列 13 坊，“象一年有闰”；皇城正南东西四列坊，“以象四时”；南北九坊，则取《周礼》“王城九逵”之制。

为了增强帝都治安，长安实行了严格的夜禁制度，宫城、皇城各门，郭城门以及坊市之门，根据在直通郭城门的 6 条大街上设立的街鼓，每日定时启闭：夕阳西下，首先是承天门上暮鼓敲动，然后六街之上，街鼓紧随其动，擂动八百声，各门遂闭，行人禁行，所谓“六街鼓尽行人歇，九衢茫茫空对月”。夜禁之后，有骑卒巡街叫呼，武官巡查夜探，城门坊角，都设有武侯铺，内置卫士百人至 5 人不等，因公事或者吉凶疾病等急事者，必须持有府县或者本坊的“文牒”才可出行。每年只有在三元放灯之夕，夜禁制度才临时解除，各门大开，允许百姓市民出门观灯，所谓“金吾不禁夜，玉漏莫相催”。

唐长安城的皇城和宫城位于大兴城的北部，皇城和宫城东西三面相接。根据考古勘察，皇城南面第一条大街宽度有 120 米，皇城东面第一街宽度为 134 米，皇城西面第一街因破坏严重，测得最宽处为 68 米，隋大兴城建成时皇城和宫城墙已经建好。根据《长安志》的记载：宫城墙高万丈五尺，合今 10.3 米之高，由于皇城和宫城墙是在初建时一次修成的，因此，可以推测皇城墙应与宫城墙高度基本相同。皇城墙和宫城墙修建得极为坚固，隋唐两朝前后数百年，都没有对其进行过大规模重建。

1986 年，考古工作者在今西安城甜水井街新开口处，成功发掘了位于皇城西南角的含光门遗迹。含光门平面呈长方形，东西长 37.4 米，南北宽 19.6 米，有 3 个门道。在今天含光门博物馆内，游客可以清晰看到一段保存完好，拥有隋唐、五代、宋元、明清、近代 5 个夯

含光门门道北侧遗址，印证西安城墙在隋唐皇城基址之上建造

土层断面的城墙遗迹，以及唐代城墙过水涵洞。

宫城是全城设计的核心。唐长安城中共有三处宫殿群，太极宫承隋之旧，坐落在全城南北中轴线最北端，布设在都城北部正中“九二”高坡偏南的最高处，内有殿、阁、亭、馆三四十所，建筑韵律庄重严整，有威严的气势。太极殿巍峨高大，甘露殿“月宇临丹地，云窗网碧纱”，凌烟阁“画阁凌虚构，遥瞻在九天。丹楹崇壮丽，素壁绘勋贤”，北面正门玄武门“城高凤楼耸，场迥兽侯新”。四面共有城门 10 座，南面正门承天门上建有高大的楼观，横街是一个开阔宏大的广场，唐玄宗常游宴于此。衙署是都城的行政中心，当然以紧靠宫城最为适宜，故皇城被安排位于宫城正南的“九三”高坡之上。

在原有太极宫的东北，位于龙首原东趾“北据高原，南望爽恺”之地，是大明宫。最初名为大安宫，是太宗为了安置退位的太上皇李渊所置，高宗朝重新开始大规模修建，体现了高宗朝以降，加强皇权内廷势力，削弱外朝的意图。每逢元朔朝会，来朝者仰望玉座，若在霄汉，有一种拔地而起上接云霄的气魄。大明宫通过地势的崇高、形体的巨大、环境的肃穆威严，将皇权至尊的观念实体化。

自 1998 年起，开始对大明宫遗址进行规模宏大的普查与发掘工作，考古发掘探测的结果显示，位于南宫墙的建福门东西宽度 35 米，南门长约 17 米，拥有 3 个门道，从今天存留在探方里的，宽度达 6 米的深色夯土层来看，高耸巍峨的城墙可达 6 至 9 米高。大明宫的太液池，分为东西两池，西池水面面积达到了惊人的 14 万平方米，除了史料上记载的蓬莱岛，太液池内还有两座岛屿，在太液池周围，考古工作者发现了大量青石制的廊柱础石、步道，以及 5 件残损的鸱尾，众多的灰陶质兽面，莲花纹方砖。

“这些发掘都证实了文献中关于太液池边景观的描述，《旧唐书·宪宗本纪》说，太液池周围廊庑四百间，南岸与西岸都有宫殿、水榭、楼阁。作为整个大明宫遗址的中心，今日的含元殿遗址已经探明拥有 58 个柱础，每根殿柱直径在 70 厘米左右，《大唐六典》中，记载含元殿‘南去丹凤门四百余步，东西广五百步，殿前玉阶三级，每级引出一螭头，其下为龙尾道，委蛇屈曲凡七转’。探测查明，殿内两列内柱间距 9.7 米，并与相邻前后檐柱相距 9.2 米，形成十三间的面阔，五间的进深。”

由此可推算，含元殿大约东西长 60 余米，南北宽 40 余米，殿前有两座阁楼式建筑，翔鸾阁与栖凤阁，在含元殿前东西两侧高台上，既可南观长安城坊市，也可北望宫城其他建筑。

为了解决这座宏大都市中士庶百姓、皇廷贵族的生活用水、环境用水与水运，隋唐两代王朝在扩建长安城的同时，充分利用了“八水绕长安”这一丰富的水源条件，分别从长安的东南西三面修建渠道，引水入城。长安城有细水穿流之余，更有树木成荫，所谓“垂杨十二衢，夹道夭桃满”，晋昌坊大慈恩寺前有水竹森邃，太极宫中有大片石榴林，东苑附近有梨园、樱桃园与葡萄园，宫内水面往往是荷叶覆盖，在 2009 年进行的考古发掘中，大明宫太液池中发现了一片淤泥，里面居然有一大片完整的荷花叶根茎印迹，根据植物孢子粉测定，宫苑水池周围还种植有大量的柏树与柳树，从而印证了唐代诗歌中关于长安“园林树木无闲地”的叙述。

以太极宫为中心，整个长安城布局如同棋盘，街道纵横交错，著名诗人白居易在《登观音台望城》中，居高临下，用“百千家似围棋局，十二街如种菜畦”的诗句生动概括了长安城的格局。

在唐代长安的东南，拥有曲江池、乐游原两处自然形成的地貌，丰富了整体景观。乐游原延展于外郭城东南之升平、新昌诸坊间，平均海拔 450 米，位于升平坊东北隅的乐游庙海拔则达 480 米，所以《长安志·唐京城》记载说：“乐游原居京城之最高，四望宽敞，京城

西安古城墙夜景

之内，俯视指掌。”无怪乎杜甫说“华诞势最高，对酒平如掌”。因地处最高，极目四望，曲江一泓清澈的潭水泛着粼粼涟漪，坊里屋舍如层云绵延，烘托着皇城与宫城高入云霄的城阙。规划布局把建筑与交错起伏的地貌完美统一在一起。

世界性格的都城

随着城市功能性分区的诞生，长安出现了坊（居住区）与市（商业区）分隔发展的格局。长安之“市”分为东市和西市，是当时全国贸易中心，这里商贾云集，邸店林立，近代考古发掘显示，东市南北长 1000 余米，东西宽 24 米，面积为 0.92 平方公里。市的四周，每面各开二门，共八门。西市内四街宽 16 至 18 米，主要为车马道，两旁有排泄水沟，及 1 米宽的人行道。市中“四方珍奇，皆所积集”，周围坊里居住有不少外商，从而成为一个国际性贸易市场。其中尤以中亚与波斯、大食的“胡商”最多。

唐都长安因此是7—8世纪时世界第一的国际性大都会，全盛时期大约100万的总人口中，各国侨民和外国居民大约占到总数的2%左右，仅是流寓在长安的西域各国使者就有4000多人。哥伦比亚大学历史学教授卡林顿·古德里奇因此在《中国人民简史》中感叹：“长安不仅是一个传教的地方，并且是一个有世界性格的都城，内中叙利亚人、阿拉伯人、波斯人、达旦人、朝鲜人、日本人、安南人和其他种族与信仰不同的人都能在此和平共处。这与当时欧洲因人种及宗教而发生凶狠的争端相较，成为一个鲜明的对照。”

长安城既是唐王朝政治经济的中心，也是唐代士人精英豪迈自信、积极乐观的情怀的寄托与具体体现。无论是岑参的“花迎剑佩星初落，柳拂旌旗露未干”，还是刘禹锡的“春明门外即天涯”，抑或骆宾王的“三条九陌丽城隈，万户千门平旦开。复道斜通鳷鹊观，交衢直指凤凰台”，都展示了长安从一座具象城池向盛唐精神文化符号的过渡与升华。

“天宝以后，长安景象，日渐衰耗”，安史之乱，终结了唐王朝中期的繁荣景象，地方藩镇林立，李唐中央政府地位的衰落，导致这座壮丽的都城开始频繁遭遇战乱民变的蹂躏之灾：广德元年（763）十月，吐蕃兵入长安，唐代宗李豫出逃陕州，吐蕃“剽掠府库市里，焚官舍，长安中萧然一空”。唐僖宗中和三年（883）四月，黄巢起义军退出长安，“焚宫闱，省市，居第略尽”，而前来勤王的诸道官军军纪败坏，入城后对残破的长安继续“纵火焚剽”，导致长安“宫室居市闾里，十焚六七”。此后虽然经京兆尹王徽修复，但长安内外已是“荆棘遍城，狐兔纵横”。此后，僖宗光启元年（885）、昭宗乾宁三年（896）河中节度使王重荣、凤翔节度使李茂贞分别率兵攻入长安，又大肆洗劫，迫使唐皇出逃。

最终，在昭宗天祐元年（904）正月，身兼宣武、宣义、太平、护国四镇节度使的朱全忠，在击败盘踞凤翔的李茂贞后，勾结宰相崔胤，强迫昭宗朝廷与官署百姓迁都洛阳，将长安宫室、官署与民居全部拆毁，所得建材沿渭河漂流送走，这是身为六朝都城长安所遭受的最大浩劫。

朱全忠挟持昭宗迁都后，驻防长安的佑国军节度使兼京兆尹韩建对残破的长安进行了改建，史称“韩建新城”，为日后五代各朝相继沿用。为了便于军事防守，韩建放弃了外郭城，改修皇城，使得长安城的建制大大缩小，新城面积仅 5.2 平方公里，是原长安城面积的 1/16。这座“韩建新城”东西南三面城墙利用了皇城城墙，北面则以原唐代宫城城墙为垣，南面保留了原皇城的安上与含光两门，改三门洞为单门洞；东西两侧只保留了中间的景风、顺义两门，北面则新开了一座玄武门；府衙所在的子城居中偏东北，顺义门与景风门之间的大街贯穿全城，形成一条东西向的中轴线；而由承天门街北段、子城南面东西大街和安上门街北段所构成的折形街道，成为南北交通的主干道。此后五代宋金元历代，长安失去了中国大一统帝国首都和经济中心的地位。

尾声：青砖灰瓦包覆的西北重镇

明洪武二年（1369）三月，大将军徐达率领北伐大军攻占元大都后，引兵西向，渡过黄河，攻占关中，于三月六日进据这座已经在历史长河中退居二线的古都，改其名奉元城为西安府。西安府作为西北最重要的区域中心城市与军事重镇，是明军向西北出击，荡平元朝残余势力的首要基地，也是刚兴起的大明王朝治理西北的行政中心。为了巩固北部边防，朱元璋的次子朱樉被封为秦王，驻守西安，作为藩王之首，有天下第一藩封之称。宋元旧城狭小破旧，难以容纳驻军、官署以及藩王府邸与百姓宅邸商界等诸般设施，扩建势在必行。

洪武初年，由于连年战事，民力凋敝，朱元璋下令“秦用陕西台治”，即秦王府城依托奉元城东北一隅的陕西诸道行御史台旧址兴建。

这一选址决定了明代西安城的拓展方向——向东北拓展外城以便将秦王府环绕其中。这一工程一扫宋元时代城池的狭小局促，奠定了明清时期西安成为西北政治、文化、经济中心的坚实基础，使得明清西安城的相当一部分一直留至今日。

作为一座军事重镇的明代西安城，其防御体系之完备坚固，在今天依旧令人叹为观止。明清之际 500 余年，西安城墙经历了多次修葺。西安城的四座城门均为三重三楼建制，自内而外，分别为大城（主城墙）、瓮城、月城，以及分别建于其上的正楼、箭楼、闸楼。作为西安城最外重的防护，月城又称羊马城，比瓮城与主城城墙略矮约 1/3，紧邻护城河，控制架设的吊桥。月城之后，是墙体与大城等高同宽的瓮城，敌人若突破进入其中，会遭受来自正楼、主城、瓮城箭楼与瓮城环绕城墙四面的狙击。明代中后期，由于各地农民起义此起彼伏，又增设了东西南北四座关城。由四城三楼，马面、角台、垛口等组成的明清两代西安城防，在工业革命前冷热兵器混合时代，确实达到了固若金汤、坚不可摧的程度。

1644 年，清军挥军入关，定都北京之后，次年即攻克了西安这座西北重镇，在前明疆域内，最早两处拥有八旗驻防的城市就是西安与江宁。而雍正朝之前，全国八旗驻防地中设有将军一职的，除了西安，只有盛京、江宁、广州、杭州等九地，足见其战略政治位置之重要。为了安置大批驻防八旗兵丁与家眷，从顺治六年（一说二年）开始，清廷就在西安城东北兴建城中之“满城”，作为其集中屯驻防御之依托。根据雍正年间编修的《八旗通志初集》，西安满城的规模占据了大城面积的几乎 40%，约为 4.7 平方公里，驻扎兵力为全国之首，雍正年间，满城与南城所驻守满汉八旗官兵多达 8229 人，大部分为马兵。

满城与南城的建造，再次使古都西安的城市结构空间产生了一次彻底改变，自明初以来形成的四隅独立，以钟楼为中心的四大街十字形城市格局，逐渐变为城市东西两部相对隔离的形态：东西南北 4 条纵贯线大道仅余 2 条半，并重塑了剩余城市空间的功能性与集中性分割。

爱尔兰记者、摄影师、人类学家基恩在《北亚和东亚》中描述说，西安是维系鞑靼斯坦、西藏和四川与帝国腹地贸易的要地，向甘肃运送陶器和瓷器、棉花、丝绸、茶叶以及小麦，接受兰州的烟草、豆油、毛皮、药材与麝香，宝石也通过这里输送到西藏与蒙古。庚子事变后，由于是慈禧与光绪皇帝行宫所在，除了食材、鲜花、皮革丝绸等，古董珍玩字画交易也逐渐勃兴，“沿街京官车马往来，已有京师气象”。

明清时期，西安虽然已经失去了全国性首都与经济中心地位，但身兼省城府城，以及长安、咸宁两县县城，其城市规模除了北京、南京外，罕有其比。到了清代嘉庆年间，两县“在城坊”数量共计 94 座，但面积远小于唐代规模，坊间不再有坊墙间隔，但设栅栏与栅门，街巷纵横，其中包括由官府或士绅出资兴修，由条石铺砌的官街及泥土小巷，东西向 127 条，南北向 83 条，而拐形街道只有 21 条，深刻体现了西安城数千年来一以贯之的“方城正街”格局。

三城游记：广州、扬州与长安①

不妨把自己想象成一位从广州上岸的旅人，一路向北方城市游历。你是喜欢异国情调浓厚的广州，富庶繁华的“水城”扬州，还是具有宏伟庄严气概的都城长安？

从南向北，人与物的流动线路

从唐朝开始，南方作为经济与人口的中心，逐渐崛起。哈佛中国史系列《世界性的帝国：唐朝》中提到，唐朝之前，“南方”在中国文学作品中常被描绘成遍布丛林、沼泽、瘟疫、毒草、野兽的危险奇异之地，是众多贬黜官员一去不复返的流放之所。

虽然在唐代，南方仍然具有这些意象，但是“南方”一词所指代的地域范围已经越发向赤道移动。到了唐末，“南方”的概念，已经从汉代所指的长江流域变为了今天属于

① 本文作者为丘濂。

福建、广西和广东的范围。这一观念上的转变反映了汉人几百年来持续南移以及他们带来的地形景观的改变。

在唐人的印象中，仍旧荒蛮的“南方”却有一个例外，那就是岭南唯一的都市广州。广州在当时被分为南海和番禺两县，唐人合称为广州。广州建城历史可以追溯到西汉赵佗建立南越国的时代。在盛唐晚期、8 世纪末期，它一跃成为经济繁荣、外商云集的城市。这主要是由于陆上丝绸之路的衰落和海上丝绸之路的兴起——7 世纪开始，随着阿拉伯帝国（中国人照搬邻近波斯人的习惯，称作大食）的东进扩张与中亚的伊斯兰化，唐朝逐渐失去在西域的控制。

在发生于公元 755 年到 763 年的安史之乱之后，大食和突厥占领中亚，吐蕃势力又深入了河西和陇右，陆路变得越发不畅通。与此相对，经过阿拉伯海、孟加拉湾和中国南海的海路更受到来自东南亚、南亚和中东客商的欢迎。受到季风驱动，以“冬季向南，夏季向北”的方向，晚秋或冬天的时候，中国的商船驶离位于广州的港口，目的地可能是波斯湾的巴士拉；西方的商船也在这时出航，漫长的航行后经过马六甲海峡，在湿润的夏季季风吹拂下，在广州靠岸。

从广州登岸的外国人或是外来物品，要继续前往或者流向北方的城市，根据《撒马尔罕的金桃：唐代舶来品研究》的作者薛爱华的考证，主要通过两条道路。其中一条较多人使用的道路，是翻越梅岭

（又叫大庾岭），由赣江到达洪州（今南昌），进入长江流域。这样沿着长江而下，借助帆篷、桨棹或者在风力的推动下，就能到达另一个热闹的城市——扬州。

扬州的地位要归功于它正处于长江和大运河相结合的优越的地理位置，从南方广州以及长江上游益州（今四川）来的物产都汇集在这里。隋炀帝利用旧有水系，修建了南起余杭（杭州）、北到涿郡（今北京）的大运河。其中的邗沟一段便是在江都（今扬州）和山阳（今淮安）之间，连通了长江和淮河。

大运河在 7 世纪初就已经修建好，但扬州变得繁华要到 8 世纪才开始。这是因为 8 世纪唐朝人口和对物质的需求大幅增长，黄河流域的农耕产出已经无法满足长安和洛阳两京的需求了。新的需求既包括最基本的粮食，也有外来奢侈品。

薛爱华说，由于运河无力承担繁重的粮食运输，所经过的地区修建了临时储藏粮食的粮仓。但这依然不能缓解运河的压力——象牙、龟甲、檀香木等珍贵货物在漕运船上堆积如山，那些船只最初设计是装载粮食的。安史之乱后，唐王朝对南方运河更加倚重，此时运河成为保证口粮的生命线：王朝的东北部地区被独立或半独立的节度使控制，他们扣留进京税粮，中原地区表示效忠的官宦和军队消耗了所有粮食，只有东南地区的、以大米为主的粮食可以输出。

对于一位想要感受大唐风韵的外来旅者，只在广州和扬州这样新兴的商业城市转一圈，也许还不能满足。历史悠久的东都洛阳和西京长安是必去之所。

搭乘漕运船只继续北行，会先到达洛阳。洛阳是唐朝的第二大城市，也是一座美丽优雅的都城。武则天统治时期，改称“神都”的洛阳是牡丹花的培育中心。花开的季节，皇宫、御苑和城郊都可以欣赏到争奇斗艳的牡丹花。

不过，和长安相比，洛阳还要逊色一些。日本的唐史研究者气贺泽保规形容长安和洛阳的关系就像车辆的两个车轮，互相补充完善。像是武则天那样决心摆脱旧束缚，开拓新的政治局面时，洛阳会成为一个好的据点。而从唐朝历史总体上说，洛阳是从属性质，依附长安而存在。

于是外来者终究不能错过长安，这座在隋朝“建筑师”宇文恺的设计建造基础上，成长起来的宏伟都城。要是在天宝年间（742—756）到达长安，可能在进城前有机会目睹一幅奇景：统治者在长安城以东的地方修建了一座人工湖。那些曾经在广州海港闪现的外来货品又会再次重逢，其中最顶端的奢侈品便通过水路网络最终摆放在这里的小船上，被当作贡品进献给朝廷。长安在规模上和广州与扬州的区别是一目了然的：长安的纳税人口将近 200 万，广州城是 20 万左右；

长安的面积约 72 平方公里，扬州只有 20 平方公里。

作为从南方门户广州进入大唐帝国的领土的旅人，从南至北，即使浮光掠影地游历，也能体会到主要城市之间的迥然气质。而如果能够深入了解，就会发现每个城市都有它迷人的一面。

广州：异域风情的浓缩之地

虽然长安城里的外国人数量更多，但是并没有广州那样集中，并且外国人的面孔也不一样。长安城里主要是北方和西方的来客，像是突厥人、回鹘人、吐火罗人和粟特人；广州城里则是南方的林邑人、爪哇人和僧伽罗人。

相同的是，长安和广州都有很多大食人和波斯人，在广州尤其占有很大比例。广州城较小，再加上外国人都生活在固定的区域，伴随着那些远道而来的奇珍异宝，对于漫步其中的人来说，异域风情扑面而来。

那种奇异的感觉是从港口开始的。广州至今保留有一座伊斯兰风格的光塔，据说有为航行照明和指示风向的作用。《羊城古钞》记载："每岁五、六月，番人望海舶至，以鼓登顶呼号，以祈风信。"光塔不远的珠江边上，就是隋唐时期停靠国外船只的码头。

当时的人们根据船只的来源，称这些商船为“南海舶”“昆仑舶”“婆罗门舶”等。其中来自斯里兰卡的“师子舶”惊人地巨大，可以装载六七百人，配置了信鸽，还拖有救生小船。另外一种波斯湾制造的独桅三角帆船则颇为小巧。它用几块木板接合在一起，中间没有用钉子，而是用椰子皮壳的纤维加以缝合，再涂上鲸油或者涂一层黑漆一样的中国橄榄树脂。

广州城的空气中充满了芬芳。这样的香气源自城中点缀的植物——比如由海路流传过来的波斯茉莉和印度茉莉，柑橘树和荔枝树也会散发出阵阵清香。香气还来自那些源源不断到来的珍贵香料。像是檀香、沉香、龙脑香、广藿香、安息香和苏合香，都通过中国南海运来，这让广州成为世界著名的香料市场。

唐代的皇室和贵族对于香料的渴望没有止境。他们在寝室里焚香，在腰带上佩戴香囊，出行的车辇也要带有香气。并且用香并不是女性的专利，所以唐朝诗人章孝标会在《少年行》中用“异国名香满袖薰”来写一位年轻的军人。一个夸张的记录谈到贵族会把木质香材直接用于建筑。《开元天宝遗事》中写宰相杨国忠建造“四香阁”，“沉香为阁，檀香为栏，以麝香、檀香筛土和泥为壁”。

广州城的格局和长安也不一样。广州是州城三重嵌套的结构：最里面是牙城，有重兵把守节度使的住宅；外面一重子城里，设有军事管理和行政办公的空间；最外是罗城，一般市民居住。唐代开元初年，城里居民的房屋还都是就地取材的茅草和竹子搭建而成的，极易引起火灾。

广州都督宋璟极力推广中原人用砖瓦造房的技术，将近100年之后，广州城里的民房基本都变为砖瓦结构。还有一种很特别的用当地蚝壳来做填充物的房屋，框架仍然要用木骨架或者石柱。

唐代的城市要求执行里坊制，市民居住的每个坊（类似今天的小区），都有开关门时间，市场也要有开闭的时间段。对于长安这样的首都，这种限制在唐末五代时期才慢慢松动。但在对外贸易活跃的广州，这种制度很早就得到了突破。

根据学者陈泽泓考证，《全唐文》中有这样一段话："除供进备物之外，并任蕃商列肆而市。交通夷夏，富庶于人，一无所阙，车徒相望，城底洞开，于是人人自为，家给自足。"它说的是在西侧城门之外设有"蕃坊"，蕃商在那里居住并经营着生意。官方批准城门打开，城里和城外互通有无。这种对商业的开放也进一步加快了城里进行更多的商业布局：《唐律》说城里"街道行肆邸店林立"，《太平御览》说街道上生酒行"两两相列"，"皆是女人招呼"。诗人张籍有"蛮声喧夜市"形容城内夜晚市场的喧哗。

从保护本国居民的角度，唐代对外国人和本国人之间的交往规定得比较严格。贞观二年（628）颁布的一道诏令就规定了外来居民娶汉族妇女为妻或者纳妾，就必须留在唐朝境内，这就最大限度地避免了有的外国人为了一时满足而出现露水姻缘。

太和年间（827—835）的《投荒杂录》上最早出现“番坊”（后人都用蕃坊）一词，至开成元年（836）卢钧出任广州刺史，下决心彻底解决蕃汉杂居“相诱为乱”的情况，蕃坊的概念更为明晰。广州的蕃坊是以光塔和旁边的清真寺庙怀圣寺为中心的。今天广州的这片区域里仍然沿用了当年外贸特色的街名，像是玛瑙巷、象牙街，还有根据阿拉伯语翻译的大食街、诗书街（由狮子街谐音而来）。

蕃坊里实行侨民自治原则，地方官员通过蕃长来实施管理。学者范邦瑾说，蕃长并非唐朝的正式官职，新、旧唐书《职官志》中都没有记载。所以他推测，蕃长可能来源于《宋高僧传》中所写的蕃客大首领。阿拉伯人有选举首领的传统，蕃客便会推选出这样的人选。

蕃坊正式形成后，蕃长需要经过唐王朝的批准认可。地方官员中掌管海关的市舶使和蕃长的关系最为密切。蕃长要协助市舶使进行“籍名物，纳舶脚，禁珍物”的工作，也就是检查舶来品的种类和数量，收取关税，如果是特别稀罕之物，则由官方垄断买卖。

阿拉伯人苏莱曼所留下的游记中，便写到唐朝皇帝会直接派宦官到广州，以高于市价两倍的价格进行收购。市舶使的职位十分关键，

广州在唐朝时有蕃坊，外国人都聚居在那里，和
今天在广州的外国人喜欢扎堆生活一样。张雷摄

又是个有利可图的“肥差”，因此该人选是否清廉可靠关系到外商的信心和广州贸易的活跃度。8 世纪开始的一段时间，朝廷的宦官开始垄断这一职位，以至于从广州流向北方的奢侈品出现中断。杜甫的两首诗中，就分别有“南海明珠久寂寥”和“近贡生犀翡翠稀”来描述贸易的萧条。这种状况直到 769 年一位廉直的地方官员上任才得到好转，广州贸易额瞬间增加了 10 倍之多。

蕃坊之中，各国侨民依照各自的风俗信仰生活。由于侨民以阿拉伯人和波斯人为主，伊斯兰教最为强盛。苏莱曼说：“蕃长每星期必有数日专与回民共同祈祷，朗读先圣戒训。终讲时，辄与祈祷者共为回教苏丹祝福。”由此可以想象，蕃坊中经常回荡着穆斯林教徒们诵经祷告的声音。

对此，薛爱华形容道：“印度来的佛教徒安静地居住在他们自己的寺院里，院子内的池塘里点缀着芳香的蓝睡莲……”

扬州：富庶繁华的“水城”

对于从内陆来到扬州的人来说，唐代扬州给人的第一印象应该是它水上都市的样子。它不仅是唐帝国最大的水陆交通枢纽，有襟江（长江）、控河（大运河）、距海（东海）的优势，同时它的城市中也有密布的河网。官河、七里巷河和护城河是几条较宽的水道，另外还有一些细窄的河道只容得小舟通过。

学者李伯先说，唐诗中涉及扬州的有100多首，几乎每首都提到了水。岑参写“君家旧淮水，水上到扬州”；罗隐说“入廓登桥出廓船”；杜荀鹤讲“青春花开树临水，白日绮罗人上船”。可见当时扬州的交通是“无船不行”的。

水多，自然而然桥就多，这是扬州的另一道特别的景观。杜牧的诗中写：“二十四桥明月夜，玉人何处教吹箫。”那24座桥是真实存在过的，沈括的《梦溪补笔谈》中详细记录了它们的名字和位置。

扬州城处处显露出富裕殷实的气息。和广州一样，它发达的经济一部分来自外贸，另一部分则是本地的商业和手工业。盐商是当地最为重要的商业势力。盐有池盐和海盐之分。池盐取自内陆湖水，但产量少、受季节影响大，隋唐开始便不能满足北方日益增长的人口需求。扬州所在江淮地区出产的海盐便取代了池盐的地位。

在刘晏（718—780）担任盐铁使期间，他进行了盐法改革。原本制盐在民间，但之后的收购、运输和销售环节都由官府控制。他则推出了一种官民分销的制度，改成民制、官收、商运、商销，这就促成了扬州地区盐商的崛起。白居易的《盐商妇》就写了一位“扬州小家女”，嫁给盐商之后，“终朝美饭食，终岁好衣裳”的生活。

盐商之外，茶商也是一支雄厚的力量，扬州是江淮茶叶的总集散地。扬州城里的富商巨贾，多从这两个群体中产生，他们居住在豪华的宅院里。《太平广记》里记载有一位叫周师儒的商人，“其居处，花木楼榭之奇，为广陵甲第”。

扬州的手工业闻名全国。这里的能工巧匠能制造大型器物，也同样可以打造出小巧玲珑的工艺品。学者诸祖煜举了个例子。唐中宗（705—709）时，扬州进献过一面巨大的铜镜。皇帝每次骑着马照镜子，能让马和人都在镜中。这种铜镜不是一次就可以浇铸成型的，要准确掌握合金比例，并保证镜面的光洁度，工匠技艺之高超可见一斑。

与此相对，扬州工匠制作小巧之物也不在话下。日常生活中使用的小铜镜，扬州工匠就对形制和装饰不断推陈出新。除保留圆形和少数方形以外，又创造了方形圆角、亚字形、葵花形、菱花形。纹饰则有蝴蝶、蜻蜓、孔雀、鹊鸟、鸾凤、盘龙、狮、十二生肖、八卦、葡萄、卷草、宝相花、卍字等，千变万化。

20 世纪 80 年代，扬州市的一处工地出土了一批金饰。其中一把用于梳头的金栉上有一对图案灵动的奏乐飞天，精巧程度让人叹为观止。尤其值得一提的是，扬州工匠生产出来的不光是供应朝廷和富有阶层的奢侈品，普通民众平时需要的必需品种类也很丰富。比如一种厚实耐用的毡帽，就非常受大众欢迎。安史之乱后，一批北方的工匠来到扬州，更让此地的手工业走向巅峰。

经济宽裕之地必对食物有所要求，何况扬州云集了南来北往的客商，这都促进了餐饮业的发展。扬州城是子城和罗城组成的两重城，子城里是扬州大都督府的官衙，罗城里就是工商业区和居住区。

林立的食肆多分布在道路交叉点处，或水路桥头一带。二十四桥将罗城分为六十余坊。小市桥附近置“小市”，在开明桥附近置“大市”，这些地方都有酒楼茶馆的存在。学者见世君说，日僧圆仁于唐文宗开成三年（838）七月抵扬州，停留期间亲身体验了扬州餐饮业的兴旺，发现“街店之内，百种饭食，异常弥满”。

有意思的是，今天扬州菜偏甜的口感可能就是在唐朝时奠定的基础——《唐会要》卷一百说："西蕃胡国出石蜜，中国贵之。唐太宗遣使自印度摩伽陀国取其法，令扬州煎蔗之汁于中厨自造焉，色味逾西域所出者。"这讲的便是扬州模仿试制蔗糖成功，味道还在西域之上。

《唐大和上东征传》说，鉴真从扬州赴日携带的物品就有甘蔗八十束，石蜜、蔗糖等多斤。扬州的气候适合甘蔗生长，这说明到了鉴真时代，蔗糖已经能稳定生产。根据《新唐书·地理志》所说，在蔗糖被制作出来后，扬州开始向朝廷进贡糖螃蟹和蜜姜，本地点心小吃也有了多样化的可能。在古代，无论中国还是西方，蔗糖一开始的稀有性，都让它成为财力和身份的象征。如果在唐代扬州，你有幸尝过一口甜蜜，那必定也是富贵的滋味。

如同在"天高皇帝远"的广州，坊市制度在扬州也很早就出现松动，大约发生在唐玄宗执政的开元、天宝年间。学者诸祖煜论证，这种松动体现在三个方面：首先，是坊市分离的体制被突破，穿城而过的官河岸边出现了一条民宅和商店错杂相连的步行街。这条长街在唐诗中多有印证：韦应物诗"华馆十里连"，张祜诗"十里长街市井连"，杜牧诗"春风十里扬州路"，都应该指这条纵贯城内南北向的商贾辐辏的大街。

其次，是坊市的封闭性也发生了变化，《旧唐书·杜亚传》写"侨寄衣冠及工商等，多侵衢造宅，行旅拥弊"。这样的现象并未遭到当

扬州处于长江和大运河相结合的位置，地理优势明显。视觉中国供图

局的严格制止。

最后，是坊市制度在时间上的限制被打破，夜行逐渐增多，夜市也兴盛起来，杜牧每晚出没于倡楼之间。如诗人王建《夜看扬州市》中所说："夜市千灯照碧云，高楼红袖客纷纷。如今不似时平日，犹自笙歌彻晓闻。"

诸祖煜认为，虽然唐朝后期，在长安、洛阳两地部分坊中也出现了工商业，但都是稀疏、散落的。扬州在官河旁边的街衢形成了与"市"分庭抗礼的局面，预示着宋代以后开放式街巷体制的到来。

长安：帝都气象

长安城的城门和坊门具有严格的开门和关闭时间，每日以击鼓为信号。宵禁制度一直到唐代后期才出现动摇。那时候要是你不巧晚上才到达长安，那就只有第二天再进城了。这样苛刻的坊市制度是为了保证帝国政治中心的绝对安全。假如你在广州和扬州已经过惯了自由随性的生活，来到长安势必要做适当的调整。

从走进长安城的那一刻，你便不得不感叹它作为帝国首都所具有的规整设计和宽阔布局。它由宫城、皇城和郭城三部分组成。北面的宫城是皇宫所在地，宫城南面的皇城里面是中央政府的衙署，位于宫城东、西、南三面的郭城里分布有官民住宅和工商市肆。郭城的街道全部横平竖直，将居住区域分成一共 109 个坊，如棋盘一般。中轴线上是朱雀大街，从郭城正南的明德门一直通向皇城的朱雀门，它的宽度达到 155 米（要知道北京长安街最宽处才 120 米）。槐树是长安城中的主要树种，朱雀大街两侧就栽有亭亭如盖的槐树，还有个名字叫“槐街”。街道上有很多行人、马匹和马车。学者于赓哲提到，唐代的文武官员都骑马，还有的会乘坐肩舆——一种类似四川地区滑竿的坐具。

长安城的住宅按照“东贵西富，南虚北实”的特点分布。唐玄宗时将皇室从东北部的大明宫迁到东部的兴庆宫，之后唐肃宗时，又迁回大明宫。两片宫殿区均在东部，所以唐朝贵族和官吏的住宅不断由长安城西部向东部转移。于赓哲还说到唐代人有一个居住的理念：由于长安城地势东部比西部高，为避免湿气，长安人会选择地势高处建造住宅。正是因为东部人口稠密，所以东市几乎没有空房出租，这样就使得西市比东市还要繁华。这大概是由于富商巨贾多集中在长安城西。至于“南虚北实”，讲的是长安城北部住房人口较密集，南部比较稀疏。宫城、皇城和市场都在靠北部的位置，而长安城太过宏大，南边有大片土地有待开发。

长安城的住宅并不便宜。很多进京考试的士子，付不起旅馆钱，只好寄居在寺庙里。他们会“随僧洗钵”，寺院则收取低廉的住宿费用。

诗人白居易的购房经历或许说明了在长安拥有一套属于自己的宅第有多么艰难。学者杨清越谈到，白居易在贞元十六年（800）进士及第，十九年（803）授校书郎之后，租住在常乐坊。而白居易能够自己买房，是在长庆元年（821），也就是18年后。他在新昌坊买的房子，用的是外放5年做官的积蓄，总共花了二三十万钱，约合绢二三百匹——白居易被贬官之后先后做过江州司马和忠州刺史，唐朝后期外官比京官俸禄要高。不过新昌坊比起长安城东南部一个新兴的文官社区升平坊还是要差很多。升平坊地势高景致好，井水也清冽甘甜。新昌坊的位置有点偏僻，白居易形容，属于“省吏嫌坊远，豪家笑地偏”。从古至今，地段都对房价影响很大，他不由得安慰自己：

游客来到西安寻访唐朝长安城留下的遗迹。张雷摄

“莫羡升平元八宅，自思买用几多钱。”

有一些人来到长安，是为了能面见唐朝的天子，比如那些远道而来的使臣。鸿胪寺是唐朝设置的一个重要官署，掌管唐朝皇室成员的丧葬事宜和接见、款待外国客使相关事宜。他们多会把使节安排在鸿胪寺下设的鸿胪馆中居住，鸿胪馆在从宫城含光门进入之后向东的位置。朝见的会面中，当属冬至那天为属国藩王召开的朝会最为盛大。学者薛爱华根据资料还原了那一天的情景：大殿前的左右厢排列着十二列仪仗卫队，其中有刀手、戟兵、矛兵、弓手等。每一列仪仗卫士都披着艳丽夺目、色彩各异的大氅，而且每一列队伍都有相应的旗帜——鹦鹉或孔雀羽毛做的三角旗，或者是刺绣着野驴和豹子的旗子，还有刺绣着其他象征勇敢的动物的旗帜。使臣先要跪拜，然后把

贡品放在大殿之上。在唐朝官员的低声指点下，他们要说“某国蕃臣某敢献壤奠”。皇帝继续庄严端坐，缄默不语，礼物由有司官员以皇帝的名义接下。作为回报，皇帝会给予使臣所代表的国王以相应的官衔，它徒具虚名却听起来让人感觉十分荣耀。比如来自印尼室利佛逝王室的使臣进献完毕之后，唐玄宗宣称：“可遥授左武卫大将军，赐紫袍金钿带。”

即使居住在长安，普通人要想见到天子也并非易事。郭城的东南角有一处皇家园林芙蓉园。由《太平御览》关于园圃的章节可知，园中有蜿蜒曲折的广厦修廊，又有修竹茂林、凉堂和临水亭等。青林重复，绿水弥漫，芙蓉盛开的季节便美丽异常。唐玄宗为了他和其他王室成员能随时来这里观赏，同时不被百姓窥见，特别沿着长安郭城东墙修筑了一道从兴庆宫直通芙蓉园、宽约 23 米的夹道。杜牧诗句“六飞南幸芙蓉苑，十里飘香入夹城”写的就是玄宗自夹城通往芙蓉园游幸的场景。

芙蓉园旁边的曲江池，则既是皇家钟情的游宴之选，也是一处对普通人敞开的风景胜地。唐朝的长安城会让人觉得温和湿润，这是因为城里有几条人工开凿的水渠，还有曲江池这样宽阔的水面。曲江池旁边种有许多杏树，春天雪白的杏花结满枝头，便有大型的赏花活动。“上巳曲江滨，喧于市朝路。相寻不见者，此地皆相遇。”这首名为《上巳日》的诗歌便是描写农历三月长安城中百姓来到这里踏春游赏的盛景，乃至平时在城里见不到的朋友，都会在这一天在曲江池畔相遇。进士放榜也是在这个时候。孟郊一首《登科后》的诗篇，留下不朽的名句“春风得意马蹄疾，一日看尽长安花”。这是千里迢迢来到长安的士子们，心情最为酣畅淋漓的时刻。

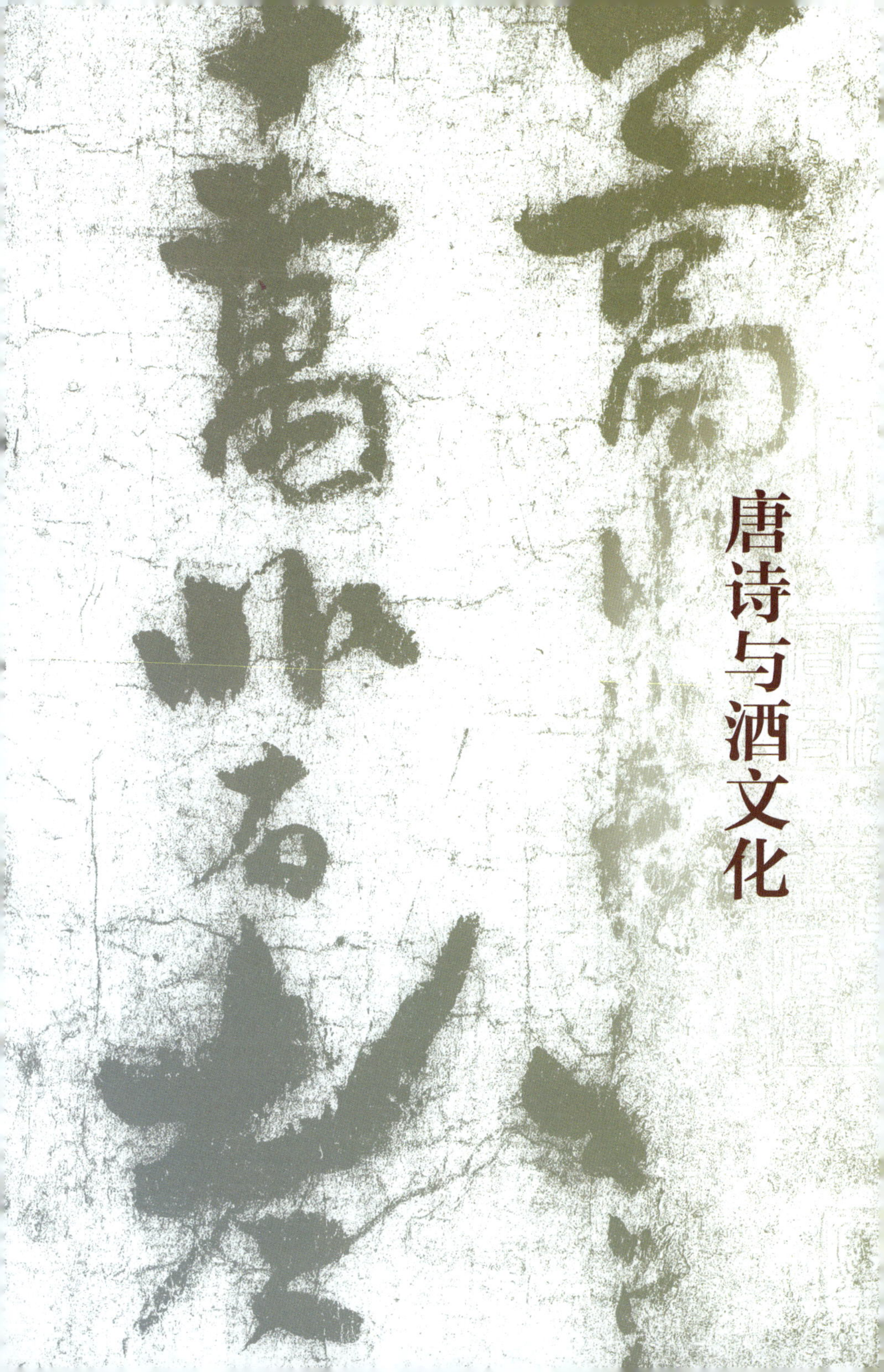

唐诗与酒文化

甲午新秋

那时的诗人，无论见面、离别，宴会、游边、隐居，都要写诗。

新体式与新制度

开元年间的一天，下着小雪，诗人王昌龄、高适和王之涣一起到一个叫旗亭的地方喝酒。此时酒楼上正有十几位伶人表演，三人一边拥着火炉欣赏，一边秘密约定："我们都以诗齐名，一直难分高下，今天正好可以悄悄观看众人表演，如果谁的诗被唱到最多，则为优胜。"

不一会儿，有歌伎唱道："寒雨连江夜入吴，平明送客楚山孤。"王昌龄便在墙上画道："一绝句。"很快，又有歌伎唱道："开箧泪沾臆，见君前日书。"高适也在墙上画道："一绝句。"下面的歌伎接着唱道：

① 本文作者为艾江涛。

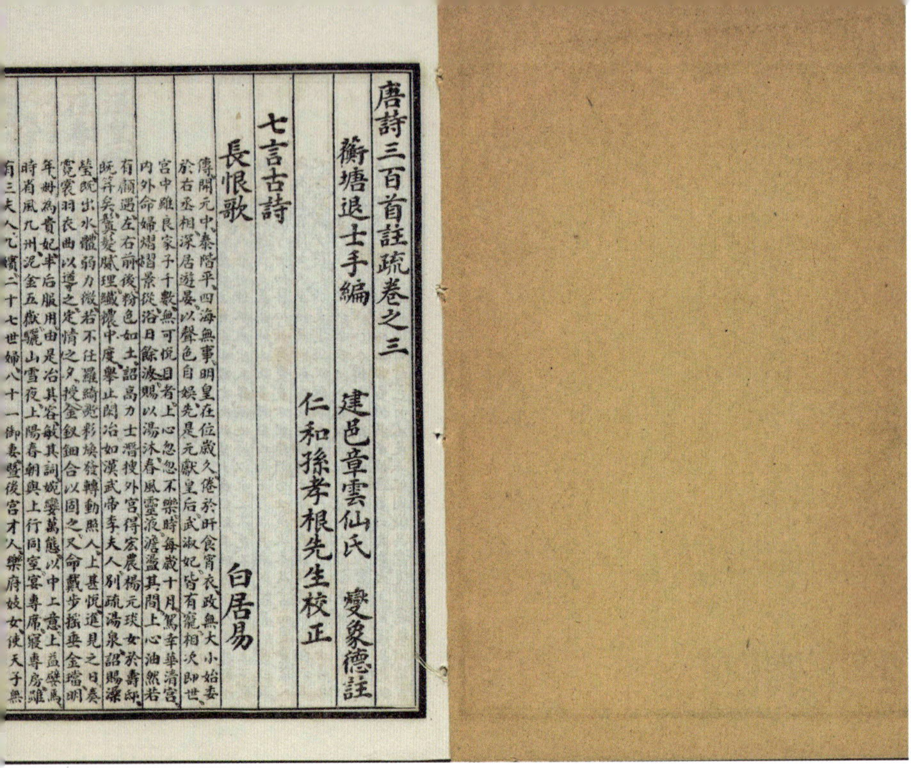

清人蘅塘退士编撰的《唐诗三百首注疏》，成为近世最流行的唐诗选本

“奉帚平明金殿开，强将团扇共裴回。”

当王昌龄在墙上画到“二绝句”时，一旁的王之涣坐不住了，他指着其中最漂亮的一位歌伎说：“前面几位庸脂俗粉，所唱不过下里巴人曲子，如果她演唱的还不是我的诗，我就拜你们为师。”果然，接下来的歌伎所唱“黄河远上白云间，一片孤城万仞山”，正是王之涣的名作，众人于是笑作一团。

这是一则记录在中唐文人薛用弱传奇小说集《集异记》中的逸事。或许再没有比这样的情景，更能说明唐诗的兴盛还有传奇的特点了。有唐一代，诗歌、传奇，并称奇作，达至后人难以企及的高度。

“熟读唐诗三百首，不会吟诗也会吟。”长期以来，唐诗已成为人们审美想象的某种标杆。诗歌为何以唐为盛，或者说，最好的诗歌为何会出现在盛唐？除了诗学内部的因素，葛晓音将其总结为：“盛唐之所以令诗歌恰逢其时，是因为这是一个情感超过思理的时代。盛唐诗人对于诗歌虽有自觉的追求，却没有系统理论的约束；对于时代虽有认真的思考，却没有深刻的理性思辨。热情、爽朗、乐观、天真、富有幻想和进取精神——盛唐诗人所有的这些性格，乃是属于纯诗的品质，因而最高的诗必然出现在盛唐。”

即便如此，唐诗并非一出世便不同凡响，为开元、天宝年间诗坛的繁荣，它足足准备了百年之久。这一被称为初唐的时期，虽然也有“四杰”、陈子昂这样少数的革新者，但它仍属于宫体诗的时代。

南北朝时期，诗歌代表的美学成就已成为一个新的社会精英阶层的标志，北朝以扣留出使的南朝诗人表达这种文化上的钦慕，当时的大诗人庾信、王褒、徐陵都是例子。这种军事上的强势、美学上的弱势，一直延续到唐太宗以后的皇帝。作为宫廷娱乐活动的重要内容，宫体诗的兴盛不难理解，用学者吴光兴的话说，初唐前 30 年诗人的典型特征是，“脑袋都被徐陵摸过”。

然而，一个世纪的时间并未浪费，正是宫体诗为后来被称为“唐诗门户”的律诗这样一种新体式的最终确立，奠定了基础。律诗体式的确立，被一些学者认为是唐诗兴盛最为核心的内因。吴光兴说：“站在文学史的本位看，因为唐人发明了律诗的体制，唐代虽然灭亡 1000 多年了，人们写古诗还是要用这套东西。”

当然，这一体制的建构更为漫长，从建安时期写诗注重对句，到南朝齐武帝永明年间发明“四声”，到后来的调平仄、三部式结构，一直到 8 世纪初，律诗才由唐中宗时期的宫廷诗人沈佺期、宋之问确立。美国著名汉学家宇文所安在他的著作中，敏锐地发现了这种律诗写作的三部式结构——头两句介绍事件、中间写对句、结尾表达旨意，与宫体诗写作的内在联系：“在宫体诗中，对偶句是诗体的兴趣中心。‘对属能’是迅速作诗的首要必备条件，一旦掌握了这一技巧，朝臣们就能很快写出中间部分，把精力用来写出精巧的结尾。”

这种富有规则感的写作模式，听起来似乎是对想象力的侮辱。其实不然，正因为有了法度，诗歌写作变成可以快速习得的技能，随着写作群体的扩大，才能超拔者自然不再受到法度的限制。

事实上，唐人正是这样学习写诗的。在《旧唐书》中记载了一次有趣的家宴，宴会上，大家玩起了用四声咏物品的游戏，结果不等大家发言，四岁的杨绾便指着铁灯树说“灯盏柄曲”，一时震动。

尽管如此，在初唐这样一个门阀制度尚存的时代，诗歌依然带有浓厚的贵族文学的特点。如何让它与更广泛的人群发生关系，便需要新制度的支持。这便是隋代创立、至唐已发生变化的科举制度。

唐高宗永隆元年（680），诗歌写作被引入了进士考试。在当时，做官最主要的途径依然是世袭，科举制度不过是面向寒门和大家族的远支开放了一条上升通道。据陆威仪在《哈佛中国史》唐代卷的统计，整个唐代，只有10%的官员通过科举选拔而出。尽管如此，张说、张九龄这两位玄宗朝的宰相，盛唐诗坛最主要的扶持者，正是科考出来的寒门子弟。

与之后科举制度不同，唐代科考有所谓“温卷”的传统。宋人赵彦卫在《云麓漫钞》中的一条记录，“唐世举人，先借当世显人，以姓名达之主司。然后以所业投献，逾数日又投，谓之‘温卷’”，被普遍认为与唐代诗歌和传奇的兴盛密不可分。汪辟疆在《唐人小说》的序言中便据此议论：“如《幽怪录》《传奇》等皆是。盖此等文备众体，可见史才、诗笔、议论。至进士，则多以诗为贽。”尽管后来学者已论证赵彦卫的记载并不准确，但无可置疑的一点是，唐传奇的杰作多出自进士之手。

对旧诗歌秩序最后的致命打击，来自玄宗在722年发布的诏令。这条诏令禁止诸王招揽大量宾客，如宇文所安所说，这无疑结束了宫体诗的一个重要支持根源，也关闭了在京城获得诗歌声誉的旧途径。

在新的体式与制度之外，不应忽略宫体诗反对者的贡献。陈子昂的批判是当时诗坛的一股清流，所谓“彩丽竞繁，兴寄都绝”，就是说那些采用新体写作的宫体诗，虽然文辞华丽，但并没有什么个人的主意。绮丽的句子，风格化的寄托，加在一起，就是浮现在地平线上的盛唐诗歌。

作为生活方式的文学

在唐人眼里，并没有所谓盛唐诗歌的概念。就事实而言，即使是唐代的头号诗人杜甫，最重要的诗学成就也是在安史之乱以后的中唐取得的，中晚唐的诗歌，更是此起彼伏，高潮迭起，似乎很难以开元、天宝年间的诗歌写作，来囊括唐诗的全部成就。确切地说，对盛唐诗歌的推崇，宋人严羽的《沧浪诗话》厥功至伟，后来更逐渐被建构为一种诗学常识。

但不管怎样，盛唐是一个大诗人辈出的时代，作为一种只能被追慕的想象力与美学标准，经过严羽下面这段论述而深入人心："盛唐诗人惟在兴趣，羚羊挂角，无迹可求。故其妙处透彻玲珑，不可凑泊，如空中之音，相中之色，水中之月，镜中之象，言有尽而意无穷。"

这种唯在兴趣的写作，如果换一个说法，那就是在盛唐时代，诗歌完全就是一种生活方式的呈现。假如你是一个盛唐的读书人，不会写诗那是难以想象的。

对那些聚集在长安或者往返于长安与各地之间的诗人来说，诗

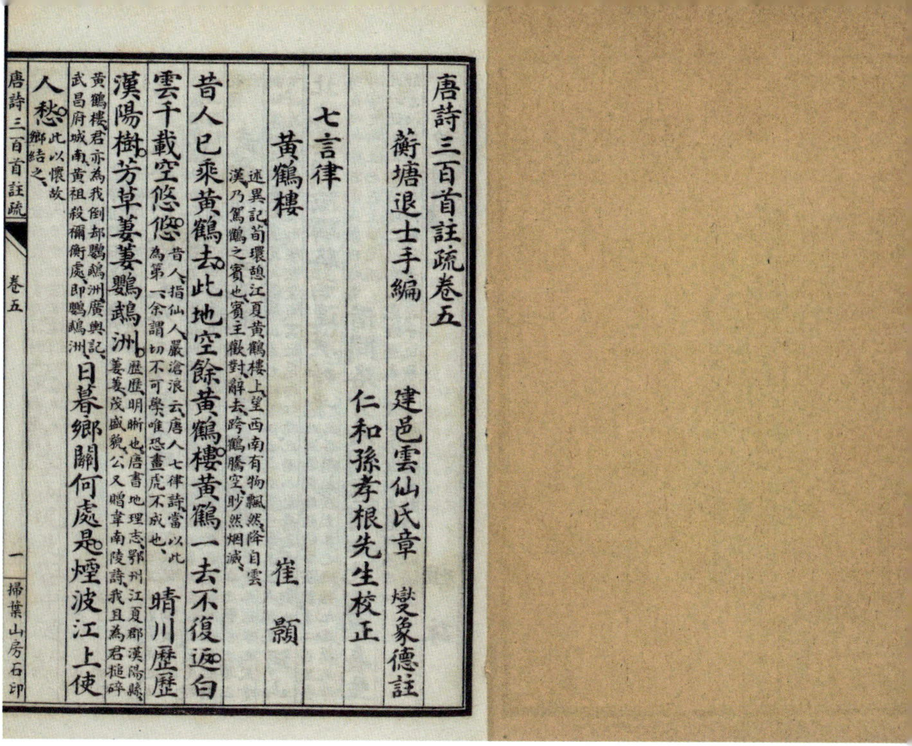
唐詩三百首註疏卷五

蘅塘退士手編　建邑雲仙氏章燮象德註

仁和孫孝根先生校正

七言律

黃鶴樓　崔顥

述異記荀環憩江夏黃鶴樓上望西南有物飄然降自雲漢乃駕鶴之賓也賓主歡對辭去跨鶴騰空眇然烟滅

昔人已乘黃鶴去此地空餘黃鶴樓黃鶴一去不復返白雲千載空悠悠昔人指仙人嚴滄浪云唐人七律詩當以此為第一余謂切不可學唯恐畫虎不成也晴川歷歷漢陽樹芳草萋萋鸚鵡洲歷歷明晰也唐書地理志鄂州江夏郡漢陽縣萋萋茂盛貌公又贈韋南陵詩我且為君搥碎黃鶴樓君亦為我倒却鸚鵡洲廣輿記武昌府城南黃祖殺禰衡處即鸚鵡洲日暮鄉關何處是煙波江上使人愁此以懷故鄉結之

唐詩三百首註疏　卷五　一　掃葉山房石印

《唐诗三百首注疏》中的崔颢《黄鹤楼》，民国二十年上海扫叶山房石印本

歌就是一种必要的社交手段。那时的诗人，无论见面、离别、宴会，都要写诗。据载，那个以写作七律《黄鹤楼》著名的狂放诗人崔颢，有次拜见开元时代的文坛名士李邕，献给他一首以女子为主人公的诗。结果李邕十分厌恶，不但拒绝接见他，还对身边的人说：“小儿无礼。”

科举、入幕、从军、隐居，唐代文人的生活选择丰富多彩。由此带来的分别场合，产生了大量著名的饯别行旅诗。早在初唐，王勃便以诗句“海内存知己，天涯若比邻。无为在歧路，儿女共沾巾”，写下了那个时代的昂扬。

盛唐时期的诗人亦各有名篇。长安大诗人王维写下的“渭城朝雨浥轻尘，客舍青青柳色新。劝君更尽一杯酒，西出阳关无故人”，入乐之后更成为当时的流行曲目，一直到宋代还为人仿作。李白的“桃花潭水深千尺，不及汪伦送我情”，则将汪伦的名字永远留在了诗歌史上。

出游同样少不了诗歌。天宝十一载（752），岑参、高适、杜甫、储光羲、薛据等人一起在长安游历，登上慈恩寺塔（大雁塔），兴尽之余，五人都写有纪游之作。在这几首难得的同题诗创作中，宇文所安发现了盛唐时期两代人在风格上的差异："长辈诗人储光羲和高适的诗较为正规和较讲装饰，杜甫和岑参的天宝风格较有气势和较富想象力。"

盛唐诗歌中，后来被引为大宗的边塞诗，与诗人们游边从军的选择密切相关。比起后来的王朝，唐代一直是开疆拓土的扩张性国家，这也为诗人提供了弃笔从戎的机会。在吴光兴看来，某种程度上，"游边也是为了取功名，由于边关将领有举荐的权力，可以升迁更快"。

边塞诗是一个古老的题材，从王翰的《凉州词》、高适的《燕歌行》到李白的《战城南》，包括王昌龄也写下了大量边塞诗，其中就有那首被称为"唐代七绝压卷之作"的《出塞》："秦时明月汉时关，万里长征人未还。但使龙城飞将在，不教胡马度阴山。"但边塞诗的集大成者，无疑属岑参。

岑参能写好边塞诗并不奇怪，自天宝八载（749）出任大将高仙芝的幕僚后，岑参跟随他抵达在中亚库车的驻地安西。战争惨败后，他又在名将封常清幕府担任判官，在中亚的北庭和轮台待了几年。用现代学者郑振铎的话说："唐诗人咏边塞诗颇多，类皆捕风捉影。他却句句从体验中来，从阅历里出。"

岑参的诗歌，不但写到西域边塞的寒冷，"北风卷地白草折，胡天八月即飞雪。忽如一夜春风来，千树万树梨花开"，同样写到极具异国特色的火山："火山突兀赤亭口，火山五月火云厚。火云满山凝未开，飞鸟千里不敢来。"

隐居之风，在盛唐也非常流行。这与君主为了粉饰太平，热衷征召山野的隐逸高士密不可分。唐代士人仕宦失意，多隐居终南山，因为这里临近长安，易于流播声名，以便为朝廷征召。当时的著名道士司马承祯便带着不屑说，终南山是"仕宦之捷径"。当然，对于更多士人来说，半官半隐的生活无疑最为理想。唐代官员，待遇优厚，十日一休沐，让他们有条件购买别业，享受田园山林之趣。这也促进了盛唐诗歌中另一大宗山水田园诗的兴盛。

据研究者葛晓音的考证，王维大约在开元十八年（730）隐居于淇上，后来又在终南山辋川边得到宋之问当年的别业，过着流连山水、半官半隐的生活。其间，王维写作了大量山水田园风格的诗歌，其中诸如"空山新雨后，天气晚来秋。明月松间照，清泉石上流"，"行到水穷处，坐看云起时"等简淡自然而又意蕴深远的描写，在当

（唐）王维（传），《伏生授经图》，藏于日本大阪市立美术馆

时人看来代表了诗歌的最高成就。

换句话说，在开元、天宝年间，王维才是当世头号大诗人。对于这种代表盛唐感受的诗美，吴光兴分析道：“山水，只是他的面具。虽然不是每句写景，但最用心的地方要有一段景象，写景象，但里面有个主意，有诗人的审美感受。为什么唐诗高不可及，就在这里。”

尽管作为长安诗人的代表，王维为当世推崇，但李白很快从蜀地把夸张的想象力带到了长安。“君不见黄河之水天上来，奔流到海不复回！君不见高堂明镜悲白发，朝如青丝暮成雪！”此前，有谁像李白那样以狂放不羁的想象力写作？长安的许多读者和年轻诗人为之着迷。与此同时，在同样狂放不羁的贺知章的举荐和“小迷弟”杜甫的描述中，李白傲然于世的诗人形象得到了空前塑造，所谓“李白斗酒诗百篇，长安市上酒家眠。天子呼来不上船，自称臣是酒中仙”。不过，李白在去世后的几十年里显得声名沉默，直到中唐另外一位大诗

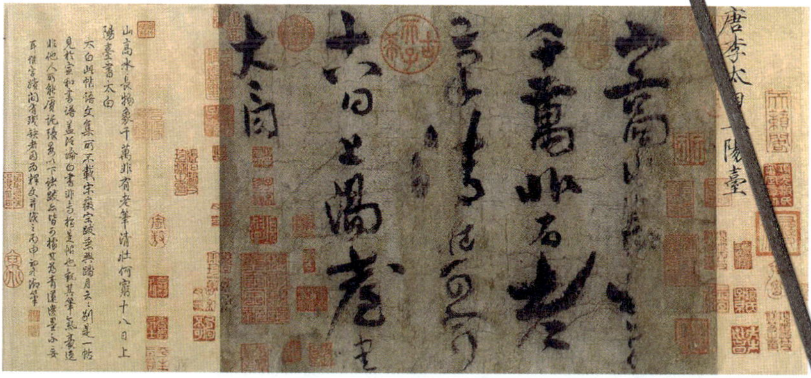

（唐）李白，《上阳台帖》，藏于故宫博物院，此帖被视为诗人唯一流传至今的墨迹

人韩愈，将他与杜甫一起奉为盛唐最伟大的典范诗人。

站在韩愈另一面的大诗人白居易、元稹，显然对杜甫更为推重。在写给杜甫的墓志铭中，元稹将杜甫视为一切诗歌体式的集大成者：“余读诗至杜子美，而知大小之有所总萃焉。”兼擅各体之外，杜甫在安史之乱后写了以“三吏三别”为代表的“即事名篇”的新乐府诗，使他的成就溢出盛唐诗歌的范围，隐隐开启一个新时代的先声。

进士阶层的新趣味

天宝十四载（755）冬天，安史之乱的爆发，给光辉灿烂的盛唐时代画上一个令人叹息的休止符。西京长安和东京洛阳的反复陷落与遭受劫掠，包括唐明皇与杨贵妃那段缠绵凄艳的感情生活，都成为中唐以后文人反复吟咏的话题。只是，新的文学风气的形成，还要迟至

（唐）李昭道（传），《明皇幸蜀图》，藏于台北故宫博物院，安史之乱之后，唐玄宗逃往四川避难，这正是此图的绘画背景

几十年后的唐宪宗元和年间，那是属于白居易和唐传奇的时代。

诗歌史上将这一引领唐诗第二个高峰的变化，称为“元和诗变”。经逢战争乱离，和整个社会的下沉，这一时期的诗人追求诗文有所担当，这也是某种程度上的复古。其中的代表白居易便认为“文章合为时而著，歌诗合为事而作”，希望继承《诗经》的优良传统和杜甫的创作精神，为此发起批判社会问题的“新乐府”运动。

诗风转变的背后，有更为深刻的社会变革。最重要的变化，是出现藩镇林立的局面。在安史之乱爆发后的第二年，随着玄宗皇帝在四川颁布的《幸普安郡制》，藩镇正式拥有了财权和辟署权（节度使有在自己所统辖的州县行政系统之外另建幕府之权力）。在一些研究者看来，这一重要变化，与中唐之后传奇的兴盛，有着密切关系。

据学者戴伟华的统计，中晚唐文人十之八九都有过入幕供职的经历，当时的名士李公佐、沈亚之、牛僧孺、段成式都是如此。士人们在朝廷与藩镇之间、藩镇与藩镇之间的流动更加频繁，相互交流奇闻逸事的机会也大大增加。曾担任夔州刺史刘禹锡幕僚的韦绚，在他所整理的《刘宾客嘉话录序》中写道：“丈人剧谈卿相新语，异常梦语，若谐谑卜祝、童谣佳句，即席听之，退而默记。”

阅读唐人传奇的单篇作品，诸如《李娃传》《任氏传》《离魂记》《庐江冯媪传》《冯燕传》等，也都能发现作品从“昼燕夜话，各征其异说”到“握管濡翰，疏而存之”的撰写过程。

出身寒微的进士阶层的大量涌现，也带来了这一阶层新的趣味：生活态度欠严肃，热烈地追求官能刺激，富有浪漫气息。这种新的文学趣味，不仅反映在“大历之风尚浮，贞元之风尚荡，元和之风尚怪”的诗学风格中，在唐传奇的故事中也时有反映。

《霍小玉传》《李娃传》，同样都讲述了一个科考、妓女和年轻士子纠缠的故事。事实上，长安城的北里，也叫平康里，这个大量出现在唐传奇中的地名，就有官方登记备案的娼妓。这些人大都受过诗文写作与音乐表演的训练，除了为官员、商人和贵族提供服务，她们最重要的服务对象正是科考士子。因为在北里附近的一个坊里，就是国子监和科举考场，故而赶考的举子经常在附近租房居住。

“传奇”之名最早见于晚唐裴铏的小说集《传奇》，从宋代以后，逐渐成为人们对唐代小说的一个称呼。但是，据李鹏飞的研究，宋人所认为的“传奇”一般指包含一些奇异内容的唐代爱情小说，到元代，进一步扩展为包括爱情小说在内的更多的唐代小说。在这一历史概念的演进中，唐传奇更多指向那种搜奇记异，写作上“叙述婉转、文辞华艳”，具备比较自觉虚构意识的作品。

在风气开化的唐代，道佛思想历来盛行。加之中晚唐士人感觉到的某种失意与幻灭，反映在传奇中，经常会有以短梦历尽一生的描写。其中的代表就是李公佐的《南柯太守传》与沈既济的《枕中记》，这两部传奇还为人们贡献了两个成语：南柯一梦与黄粱美梦。

唐代的长安是一个世界性的都市，除了各国数目巨大的遣唐使，街头的外国商人也比比皆是。据陆威仪的研究，回鹘人垄断了长安的高利贷生意，葡萄酒店则普遍由粟特人或操吐火罗语的商人经营，此外，娱乐和娼妓业也具有强烈的异国风情。而在葡萄酒店铺里服务的胡姬，与外国葡萄酒商一样，一直是唐诗与其他艺术喜欢的主题。传奇中，也随处可见胡人的身影。

在《任氏传》里，主人公郑六与狐仙任氏在外面过夜后，天亮前到达他所居住的坊门前。因为坊门仍旧关闭，他只能暂时待在门口胡人的饼店里。在《霍小玉传》中，帮助小玉设计找回李益的黄衫客，背后跟着一个剪去头发的胡人小孩。

而在裴铏所著《传奇》中的《昆仑奴》，胡人则被当作主人公加以描述。这位崔生家中的奴仆磨勒，不但善解人意，而且具有高超的武艺。他携铁椎越墙击杀恶犬，背负崔生和歌妓轻松飞越院墙，谈笑之间，成全了两人的一段爱情。当歌妓后来被主人认出，崔生被迫将磨勒供出时，昆仑奴则持匕首突破数十人的围攻，绝尘而去。十多年后，崔家有人还在洛阳认出在街头卖药的磨勒，容颜没有丝毫改变。显然，将相貌迥异的异域胡人，想象为身怀异术的奇人，对传奇作者来说，并不难以理解。

在诗歌与小说高度繁荣的中晚唐，传奇与诗歌互动频繁。不但一些著名文人，诸如元稹、韩愈、柳宗元等人，都兼具诗人与小说家的双重身份，在许多传奇作品中，主人公吟诗唱和，借以抒发情意，或者精怪用诗歌暗示自己身份，屡见不鲜，这也赋予了唐传奇浓厚的诗意。而最能表现诗与传奇互动密切的，莫过于用诗文表现同一题材的白居易的《长恨歌》与陈鸿的《长恨歌传》。

不管是诗，还是传奇，都不可避免地受到当时盛行的民间俗讲、说话之风的影响。无他，一个市民文学的时代即将来临。

参考资料：

陆威仪．世界性的帝国．北京：中信出版社，2016.

马茂元．唐诗选．上海：上海古籍出版社，2017.

汪辟疆．唐人小说．北京：中华书局，1959.

葛晓音．诗国高潮与盛唐文化．北京：北京大学出版社，1998．

宇文所安．盛唐诗．北京：生活·读书·新知三联书店，2004.

在饮酒习俗上，唐代饮酒之风很兴盛，有很多相同的饮酒习俗，如饮宴之上人们要按巡饮酒，歌舞侑酒、女伎陪酒、行令助觞之风都很普遍。

按巡饮酒

古人有按巡饮酒的习俗。按巡饮酒是分轮由尊长到卑幼一个个地饮，一人饮尽，再饮一人，这种饮酒习俗与现代人饮酒时大家共同举杯很不相同。酒宴上，众人都饮完一杯称为一巡，一次酒宴往往要饮酒数巡。唐代饮酒的巡数较少，一般为三巡，如元稹《和乐天初授户曹喜而言志》一诗云："归来高堂上，兄弟罗酒尊。各称千万寿，共饮三四巡。"宫廷酒宴上，过了三巡，就有大臣箴规了。《旧唐书·李景伯传》载："中宗

① 本文作者为刘朴兵。

尝宴侍臣及朝集使，酒酣，令各为《回波辞》。众皆为谄佞之辞，及自要荣位。次至景伯，曰：‘回波尔时酒巵，微臣职在箴规。侍宴既过三爵，喧哗窃恐非仪。’”

巡（行）酒所到，每人都必须饮尽自己杯中酒，否则主人会以各种形式劝饮。两次巡酒之间，往往进行各种娱乐活动。唐代时，巡酒之间娱乐活动的类型较少，多为歌舞。在民间的大多数酒宴中，巡酒完毕并不意味着饮宴就要结束了。恰恰相反，此时人们酒兴未尽，饮宴尚未进入高潮。巡酒完毕后，进入“自由”饮酒阶段，主宾间或宾客间可以自由敬酒。如果某一座客向邻座或他人敬酒，要手捧杯盏，略微前伸，这就表示了敬酒的愿望，俗称此为“举杯相属”。被敬酒的人一般要予以接受。唐宋时期，人们敬酒时还流行“蘸甲”，即用手指伸入杯中略蘸一下，弹出酒滴，以示敬意。若酒兴仍高，人们或赋诗填词，或歌舞助兴，或行酒令，各种佐觞活动逐渐把饮宴推向高潮，以使人们尽兴而归。

今天人们饮酒以共同举杯一次为“一巡”，一般也是“酒过三巡、菜过五味”之后才切入酒宴的正题，举行敬酒、酒令佐饮等活动，这

（南唐）周文矩，《琉璃堂人物图》，藏于美国大都会博物馆。图中描述盛唐诗人王昌龄任江宁县丞期间在琉璃堂与诗友宴集的故事

些饮宴程序正是古代按巡饮酒习俗的遗迹。

歌舞侑酒

音乐和舞蹈对宴会起着相当重要的调节作用，以歌舞助兴是唐宋时期重要的酒俗之一。唐代时，酒宴之上的歌舞可分为两类：一是自娱性的歌舞，二是他娱性的歌舞。

自娱性的歌舞是酒宴主人或宾客表演的歌舞。唐代时，酒宴之上宾客往往亲自歌唱，以答谢主人的美意。如尉迟偓《中朝故事》卷上载："瞻至湖南，李庚方典是郡，出迎于江次竹牌亭。置酒，瞻唱《竹枝词》送李庚。"在飞觥把盏间，无论主人还是客人都可以邀请对方唱歌，如《刘宾客嘉话录》载，李绛为户部侍郎时，曾参加本司酒会，张正甫"把酒请侍郎唱歌"。当宴饮进入高潮时，人们还会以自我舞蹈的方式娱乐，连帝王都如此。《旧唐书·高宗诸子传》载，唐太宗的长孙燕王李忠出生时，太子李治宴宫僚于弘教殿，唐太宗亦参加了此宴，"太宗酒酣起舞，以属群臣，在位于是遍舞，尽日而罢"。这

（清）苏六朋，《太白醉酒图》，藏于上海博物馆

种席间起舞是前代“以舞相属”习俗的继承。这种习俗在唐代又有了一些新内容，有时是专门表示对某位贵宾的尊敬，正如李白《对酒醉题屈突明府厅》所云：“山翁今已醉，舞袖为君开。”唐代酒宴上自娱性歌舞的盛行，体现出唐人广泛的主动参与性。

他娱性的歌舞是由专业歌舞人员表演，主要供参加酒宴的宾客欣赏。在唐代的接风洗尘与送别饯行之类的宴饮活动中，主人经常请歌手为之唱歌，通过悠扬的歌声来表达喜悦或留恋的心情。他娱性的歌舞在唐代酒宴上很盛行，表演者多是年轻貌美、技艺高超的歌伎、舞女。参加酒宴的宾客们虽然完全成了歌舞的被动欣赏者，但由于歌舞已完全由专业的歌伎、舞女承担，演出水平一般较高，酒宴上往往烛光香雾，歌吹杂作，营造出一种如醉如痴、如梦如幻的境界。

女妓陪酒

女妓陪酒是附庸风雅之徒喜欢的一种助饮方式。在唐代公私宴饮的许多场合都可以见到男女同席的场面，如白居易《江楼宴别》云："楼中别曲催离酌，灯下红裙间绿袍。"许浑《闻州中有宴寄崔大夫兼简邢群评事》云："箫管筵间列翠蛾，玉杯金液耀金波。"吟述的都是男女同席的宴饮场面。席中之女多非良家妇女，而是年轻貌美的女妓。

随着女妓陪酒活动增多，在唐代还出现了专门以陪酒为职业的"酒妓"（又称"饮妓"）。地方上，不少州镇乐营女子为专业性的酒妓。在两京，从事陪酒职业的女妓更多，陈继儒《北里志·序》云："京中饮妓，籍属教坊。凡朝士宴聚，须假诸署曹行牒，然后能致于他处。……其中诸妓，多能谈吐，颇有知书言话者。"孙棨《北里志·海论三曲中事》云："比见东洛诸妓体裁，与诸州饮妓固不侔矣。"

唐代社会风气虽然比较开放，这种男女同席的女妓陪酒之风仍遭到不少人非议，如李肇《唐国史补》卷下《饮酒四字令》载："有男女杂履舄者，有长幼同灯烛者，外府则立将校而坐妇人，其弊如此。"

沈亚之《华州新葺设厅记》云："酒行乐作，妇女列坐，优者与诙谐摇笑，讥左右侍立，或衔哂坏容，不可罪也。"

行令助觞

行令助觞即行酒令助饮。一般认为，酒令的起源与古代的投壶之戏有关，"酒令"一词最早指主酒吏，如《梁书·王规传》载："湘东王时为京尹，与朝士宴集，属规为酒令。"唐代时，酒令才开始作为一个专有名称，特指酒宴上那些决定饮者胜负的活动方式。

酒令在唐代形成后，很快就成为人们宴饮助兴的主要娱乐形式，从文人士大夫到庶民百姓无不选择适合其活动的酒令来佐饮，蔡宽夫《诗话》称："唐人饮酒，必为令以佐欢。"唐代的酒令名目繁多，大多数唐代酒令至宋代时就已经失传了，陈振孙《直斋书录解题》卷十一称："《醉乡日月》三卷，唐皇甫松子奇撰。唐人饮酒令此书详载，然今人皆不能晓也。"宋人多不解唐代酒令这一事实，说明了唐宋两代的酒令有很大的变化。唐宋两代的酒令及人们行令的差异主要表现在以下三点：

首先，唐代酒令以器具令居多，宋代酒令以文字令居多。目前能知道的唐代酒令有 20 多种，这些酒令多需借助于骰盘、筹箸、香球、花盏、酒胡子等器具方能行令。如行筹令时，大家轮流抽取长条形的筹箸，根据上面的字句，决定如何饮酒。中唐以后，筹令开始衰落，但筹令所使用的酒筹广泛应用于宴饮的各种场合，故后世往往用“觥筹交错”来形容宴饮。与唐代器具令居多不同，宋代酒令多是文字令，文字令的盛行与文人群体的迅速扩大密切相关。宋代统治者采用重文轻武的政策，加大科举取仕的力度，使文人群体日益扩大，整个社会的文化水平有了较大提高，人们进行文字游戏的技巧也比较娴熟，酒酣耳热之际为后人留下了不少高水平的文字令。

其次，唐人行令强调胜负，宋人行令注重参与。唐人尚武任侠，争强好胜，行酒令时也往往强调胜负，而负者要罚酒，为公平处理因酒令而引起的纷争和更好地维持酒场秩序，唐人聚饮时常设酒纠（亦称席纠、觥使）。担任酒纠者须熟知酒场中的各种规矩，对违反宴席规矩的行为要进行处罚。担任酒纠的人不仅有须眉男子，巾帼妇女也不少，尤其是一些知名的妓女，才艺超人，熟知酒事，常担任酒纠一职。与唐代比，宋人行令更注重参与，不太计较胜负。由于宋人行令不太强调胜负，酒席上的纷争也大为减少，所以宋代酒纠的设置也不如唐代那么普遍。

最后，唐人行令比较豪爽，宋人行令比较文雅。唐人行令之所以比较豪爽，除了唐人普遍开放豁达之外，与唐代的酒令形式也不无关系。由于唐代的器具令居多，行令时，人们的注意力随着骰盘、香球、花盏、酒胡子等器具的运动而转移，往往面目紧张，情绪激动。除器具令外，唐代酒宴上还流行各种动作令。许多动作令更是节奏紧凑，行令时人们手舞袂扬，往往把酒宴闹得热火朝天。与此相反，由于宋代的酒令多为文字令，需要口齿清晰地吐字讲谈，而不是如狂似癫地大呼小叫，因此宋人行令就显得比较谦和、随意和文雅。

值得注意的是，直到宋代，中国的饮酒习俗仍与后世有不少差异，如后世不再按巡饮酒，侑酒的酒令也日益单调，通俗的“拇战”（划拳）盛行一时等。

唐代酒肆

唐代中期以前，由于实行比较严格的坊市制度，居住区的“坊”和商业区的“市”彼此分离，各项交易多被限制在“市”内，和其他店肆一样，城内的酒肆也多分布在“市”内。也有少量的酒肆分布于“坊”内，不过，由于唐代前期坊市制度实行得较为严格，坊中出现酒肆只是极个别的现象。直到唐代中后期，随着坊市制度的逐渐衰落，坊中的酒肆才逐渐多起来。对此，文献中亦有反映，如司马光《资治通鉴》卷二百三十六载：唐顺宗时，王叔文、王伾当权，来求他们办事的人很多，“于是叔文及其党十余家之门，昼夜车马如市。客候见叔文、伾者，至宿其坊中饼肆、酒垆下，一人得千钱，乃容之”。虽然如此，唐代中后期坊中出现的这些酒肆与当时“市”内的酒肆相比仍属少数。可以说，唐一代酒肆基本局限于作为商业区的“市”内。

唐代酒肆在经营时间上也受到了很大限制。唐代实行的坊市管理制度，禁止店肆夜间营业。夜间卖酒被视为非法，要受到官府的纠察。唐代中后期，随着坊市制度开始崩溃，商业经营在打破空间限制的同时，也打破了时间限制，夜市逐渐发展起来了。其中，酒肆经营更是起到了带头和先锋作用，酒肆业是唐代夜市的中心和主干，围绕着它而开展着其他商品的夜市交易。晚唐诗歌对酒肆的夜间经营也多有反映，如张籍《寄元员外》云：“月明台上唯僧到，夜静坊中有酒沽。”王建《寄汴州令狐相公》称：“水门向晚茶商闹，桥市通宵酒客行。”唐代后期，酒肆虽然已经突破了夜禁的限制，出现了夜间经营的情况，但这种现象还不太普遍。

虽然在经营上受到诸多限制，唐代的酒肆业还是呈现出不少新的气象。从繁华的城镇到乡村僻野，大大小小的酒肆星罗棋布，呈现一片繁荣景象，这是前代所不曾有的。都城长安的酒肆业居全国之首，城内酒肆主要分布在东西两市和东门、华清宫外阙津阳门等交通要道

河南洛阳丽京门九龙殿壁画《酒祖杜康》。聂鸣摄

一带。长安城外的灞陵、虾蟆陵、新丰、渭城、冯翊、扶风等地也有众多酒肆。其中，长安西郊的渭城，是通往西域和巴蜀的必经之地。唐人西送故人，多在渭城酒肆中进行，留下了许多渭城酒肆饯别的名句，如王维《渭城曲》云：“渭城朝雨浥轻尘，客舍青青柳色新。劝君更尽一杯酒，西出阳关无故人。”长安以外，洛阳、扬州、益州等通都大邑和州郡治所都有酒肆。大中城市和州郡治所以下的县邑和乡村也有酒肆，只不过规模往往较小罢了。

自西汉张骞凿通西域后，随着中外交流的发展，胡人开始大量涌入中原内地，不少胡人以经营酒肆为生，当时人称他们为“酒家胡”。长安的东西两市和城东面的青绮门（简称“青门”）是酒家胡的集中之地。在胡人酒肆中，当垆售酒的多是胡族女子，她们被称为“胡姬”。在胡人酒肆中，由年轻美貌的胡姬服侍饮酒，富有异国情调和浪漫色彩，受到了唐人的广泛欢迎，成为一代风尚，因此酒家胡的生意往往十分兴隆。唐代许多诗人写有到胡人酒肆饮酒的诗句，如李白《少年行》之二云：“五陵年少金市东，银鞍白马度春风。落花踏尽游何处，笑入胡姬酒肆中。”

唐代以前，酒肆的规模一般较小，多为平面建筑。唐代时，规模宏大的酒楼开始兴起，它们数量众多，分布广泛。唐诗中有不少提到酒楼的诗句，仅以诗仙李白的诗为例，《猛虎行》云：“溧阳酒楼三月春，杨花漠漠愁杀人。”《忆旧游寄谯郡元参军》云：“忆昔洛阳董糟丘，为余天津桥南造酒楼。”《寄东鲁二稚子》云：“南风吹归心，飞堕酒楼前。”《送当涂赵少府赴长芦》云：“摇扇对酒楼，持袂把蟹螯。”在唐代，酒楼逐渐成为大型酒肆的代称，它们的生意往往十分火爆。由于唐代的大多数建筑仍为低矮的单层房屋，因此高高耸立的酒楼就显得格外引人注目。

为了招揽酒徒，唐代酒肆利用各种手段促销，如酒旗招牌的炫耀，美丽少女的当垆，音乐歌舞的助兴，美貌酒妓的佐饮等。其中，酒旗一般悬挂于酒肆门口，人们一望见酒旗，便知下有酒肆。以年轻貌美的女子当垆是唐代酒肆通用的促销手段，如白居易《东南行一百韵》云："软美仇家酒，幽闲葛氏姝。十千方得斗，二八正当垆。"音乐歌舞的助兴也是唐代酒肆惯用的促销手段，唐代酒肆中的音乐气氛相当浓烈，客人饮酒之际，酒肆雇用的专业乐师临场献技，美妙的乐曲歌声将酒客带入了亦醉亦仙的境界。酒妓佐饮则是唐代酒肆新出现的促销手段，酒妓与普通的当垆女子不同，要陪顾客饮酒，这是以美貌女性服务来吸引顾客的手段之一。

除了现钱交易为主外，唐代的酒肆还接受以物换酒、以物品抵押质酒、凭信用赊酒等。以物换酒，唐诗中多有反映，最著名的要数李白《将进酒》所咏："五花马，千金裘，呼儿将出换美酒，与尔同销万古愁。"以物质酒与以物换酒不同。以物换酒是以货易货，而以物质酒只是以物做抵押，日后还可赎回。据《杜阳编》所记，公主的步辇夫曾把宫中锦衣质在了广化坊的一个酒肆中。凭信用赊酒，古亦有之，唐诗中诗人们也屡屡吟咏，如王绩《过酒家五首》之五云："来时长道贳，惭愧酒家胡。"

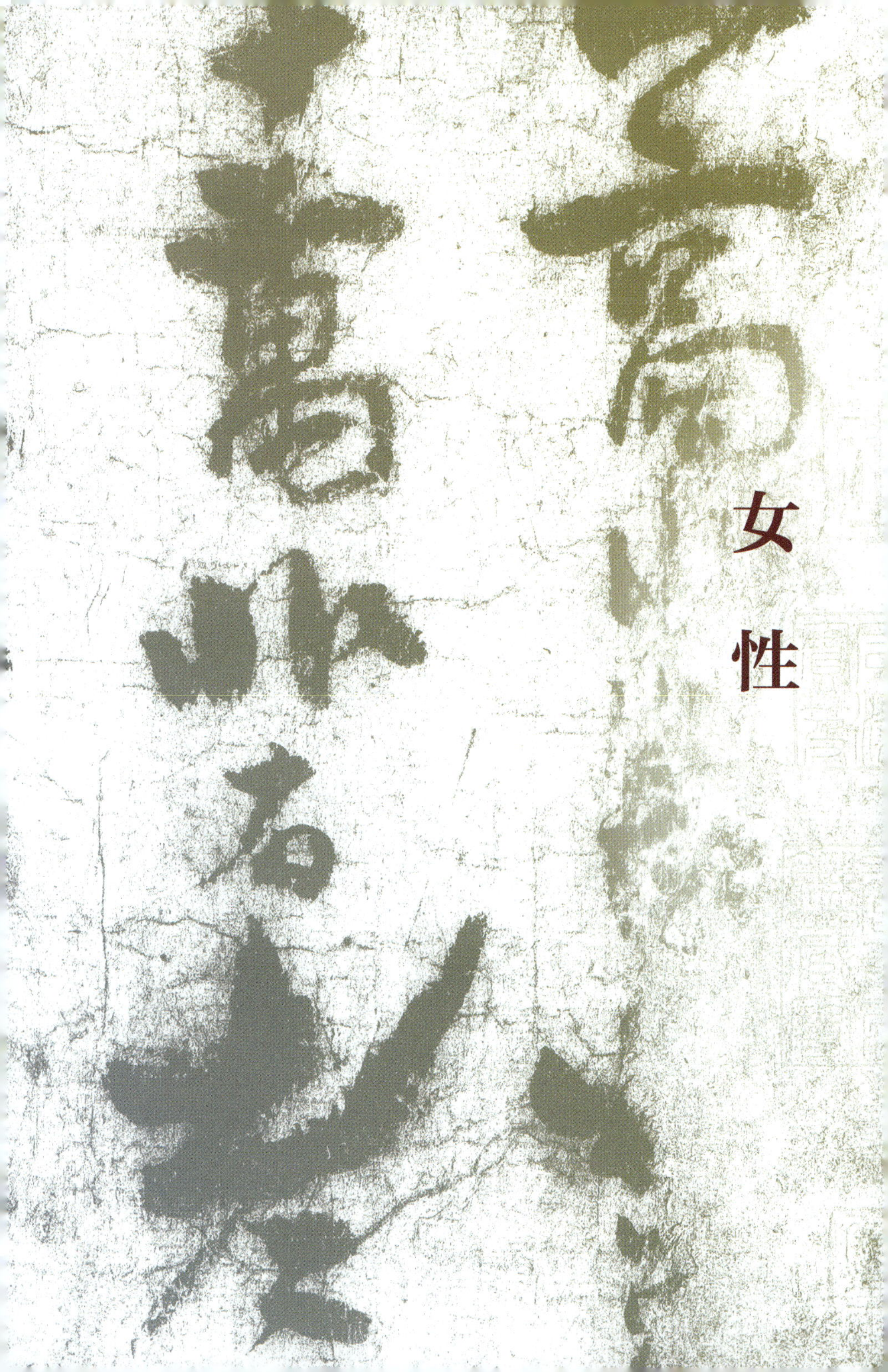

女性

女性的黄金时代：武则天、杨玉环、鱼玄机[①]

对于女性来讲，唐朝是个美好的时代，虽然这种美好只是相对而言。无论出身皇室贵族，还是普通平民家庭，这个时代都给了她们绽放的可能。

唐代女性形象的印象来自《簪花仕女图》里身穿轻薄纱衣、齐胸襦裙，面庞丰腴的贵族女子，来自《虢国夫人游春图》里以男装示人的虢国夫人，来自在国家博物馆《大唐风华》单元中展出的《携婴饲鸟出行图》所描摹的穿着波斯胡服的侍女。不仅有文字记载，还有陶俑、壁画、书画作品等传世文物佐证这个时期妇女服饰之多元，妆容之多彩，仪态之自信。

唐朝有这样丰富的女性个体存在，是开放与包容的社会风气使然。李唐王朝和鲜卑有千丝万缕的血脉联系，唐政权中有北方游

① 本文作者为丘濂、徐亦凡。

牧民族的基因，游牧民族中男女地位更为平等。

在唐代女性人物中，要论成就最高，对后世影响最大，首推武则天。《绚烂的世界帝国：隋唐时代》一书的作者气贺泽保规说："唐朝是这样一个时代，具有容忍武后这种人物存在下去的客观环境。"这样的环境，除了继承游牧民族"女性的泼辣勇猛"，还有较轻的思想束缚——文学教养比儒教伦理观更受到重视。

武则天：女性通往权力巅峰之路

游牧民族有"收继婚"的风俗，即女性在丧夫之后，可以嫁给丈夫的男性亲属。武则天如此，之后的杨玉环也有相似的经历。

可以说武则天刚进宫的时候对于权力并没有什么概念，否则也不会在太宗的宫中默默无闻 13 年，还只是一名五品的才人。就是这样孤独寂寥的生活，让她决定接近在病榻前照顾太宗的皇太子李治，并建立起了男女关系。这重情感联系，为之后即位的唐高宗李治把武则天从感业寺接回宫中埋下了伏笔。当时高宗的王皇后同样鼓励他把武则天接回来，因为能够限制萧淑妃的气焰。可以说，武则天再次回宫就深陷于后宫的政治网络之中。

武则天和王皇后的背后各有不同的支持者。《剑桥中国隋唐史》

一幅武则天的壁画图像。FOTOE 供图

的作者认为，与其像陈寅恪那样，把两个阵营的支持者简单归类为有着世袭贵族特权的“关陇集团”和凭借科举进入官场的“山东集团”，不如把这种矛盾描述成是“已经掌权的、要维护既得利益的人和那些把拥立武则天当作自己升迁手段的人之间的斗争”。武则天的政治天赋，让她善于操纵宫廷的权力结构。史书记载，高宗废掉王皇后的直接原因，是武则天刚诞下不久的女婴被捂死，栽赃给王皇后。不管这位惨死的小公主究竟为谁所害，我们都能从之后高宗在平定一场谋反行动后，将王皇后的舅舅、宰相长孙无忌发配边陲的决定中看出一些端倪——太宗为儿子留下了以长孙无忌为首的辅政集团，摆脱这些权臣的束缚就成为李治的愿望。表面上武则天是为了皇后之位，实际她和李治属于同一条战线。

武则天当皇后期间，不仅用政治权谋去处置反对她的人，也参与了新政策的制定，为她后来称帝执政做了铺垫。比如她实行对文学的赞助，组织起学者班子，来编纂《列女传》、《臣轨》和《乐书》等著作。这些人逐渐形成了一个名叫“北门学士”的秘书班子，为武后起草奏折或者决定某些政策，而这本身应该是宰相的职责。另外是她对

位于陕西咸阳市的乾陵，唐高宗李治和武则天的合葬墓

于佛教的支持，废除了唐太宗在宗教仪式上重道轻佛的诏令，从此两种信仰平等。武则天称帝之前，让人撰写《大云经疏》(《大云经》的宣讲本)，联系自己附会《大云经》中的天女将君临一国的预言。她还在全国修建大云寺，掀起一波轰轰烈烈的造神运动。这都离不开佛教徒的支持。

武则天登上皇位，改国号为周。女性成为女皇，掌控最高权力，这是中国历史上的第一次也是最后一次。学者孟宪实认为，武则天在成为女皇之前已经牢牢控制了最高权力，继位者的性别究竟是男是女，到那个阶段已经不重要了。还需要注意的是，武则天那时的身份已经从妻子变为母亲。在封建社会的家庭中，女儿和妻子的地位低下，母亲却能得到一定的尊重。孟宪实说，武则天的拥戴者正是牢牢把握了这个要点，以孝道中母亲的概念为突破口，使得男尊女卑不再成为女皇的障碍。

武则天的成功，让她成为唐朝宫廷女性的榜样。武则天去世后，唐中宗的韦后是最想重走武则天之路的人，她发动宫变扶少帝即位，以皇太后身份临朝。可惜韦后并无足够的政治智慧，在唐隆政变中被李隆基和太平公主联手推翻；上官婉儿从婢女身份到拜为昭容，在武则天和中宗时期都作为政治智囊得到重用，野心勃勃地与韦后、武三思等势力勾结，最后在政变中被视为韦后势力剪除；太平公主在神龙革命中凭借扶植中宗李显的功劳权倾朝野，势力压过太子李隆基。但公主所谋之事多为一己私利，政治才干也远比不上母亲武则天，最终还是被迫自尽。她们没有一个人达到武则天的成就，除了她们的政治素养和胸襟魄力不如武则天之外，美国堪萨斯大学东亚系教授马克梦指出，武则天给女性提供了参政可能，但“没有足够的时间把女性官员的政治参与体系化”，女性无法像男性一样在政治环境中充分锻炼执政能力，“因此可以很容易地指出当政女人的错误与不成熟”。武则天的成功有她个人不世出的才华与魄力，也必须承认有偶然因素的叠加。

武则天之后的政治秩序强化了对女人干政的排斥。唐玄宗李隆基不仅弱化武则天一朝的执政痕迹，还重建内廷制度，以避免后妃权力膨胀，对公主也限制食封采邑规模，他即便再宠爱武惠妃与杨贵妃，终其一生都未再立后。

杨玉环：贵族女性的婚姻与日常生活

杨贵妃的人生和大唐国运确实有千丝万缕的关联，可是拨开历史的迷雾，她首先是杨玉环，宏大叙事不关心她的婚姻细节与日常生活，但这些一样有举足轻重的价值，是展现唐朝贵族女性生活的典型剪影。

天下女子众多，为什么偏偏是杨玉环成了贵妃？在这里，高力士是不得不提及的人物。唐玄宗痛失武惠妃后深受打击，高力士认为需要美貌的女子来抚慰皇帝。杨玉环被高力士选中，除了姿色过人，更重要的因素还在于高力士需要维护李武韦杨婚姻集团。

在唐代，结婚最看重门第，追求“选婚华族”，皇帝选妃也需考量其政治背景。高力士虽姓高，但《旧唐书》有记载：“内官高延福

（元）钱选，《贵妃上马图》，藏于美国弗利尔美术馆

收为假子，延福出自武三思家，力士遂往来三思第。岁余，则天复召入禁中。”这说明高力士出自武氏家族，必然要维系其利益。历史学家陈寅恪也曾在《记唐代之李武韦杨婚姻集团》一文中说明高力士与“玄宗一生之政治生活发生密切关系”，即便是位及宰相或将领，也未必比得上高力士在玄宗朝的地位。

杨玉环系出名门。虽然她早年丧父且父亲官职不高，但先祖是弘农杨氏，和武则天的母亲同出一族。陈寅恪认为，杨玉环算不得武氏的近亲，但从她曾嫁于寿王李瑁这一点来看，说明也属于李武韦杨这个集团。如果要从这个集团内遴选美人，杨玉环显然是高力士认为“宜充掖庭”的最佳人选。但这也表明，杨贵妃被赞色艺无双，却未必真的冠绝大唐王朝。按于赓哲的话来说，她更可能只是这个婚姻集团内部的佼佼者。

可见在美貌之外，杨玉环的婚姻被赋予了更多政治意味。对于当时的贵族女性而言，政治性婚姻是不得不接受的宿命，频繁的联姻使得高高在上的公主成了政治婚姻市场的代币。像远嫁松赞干布的文成公主，肩负着沉重的政治使命，对和亲的公主而言，巩固大唐和藩镇间同盟远比婚姻本身更重要。

女性在婚姻中具有的媒介地位与利用价值，也催生了唐朝“陪门财”现象。为了攀上门第，显贵们一心与士族结下秦晋之好，因此不少士族嫁女时借机索要巨额财产。唐太宗在《贞观政要》中曾嘲讽士族“每嫁女他族，必广索聘财，以多为贵”。这种嫁女必索重金的现象甚至蔓延到民间。到了宋朝，这一风气却不再延续，嫁女儿不仅无法获得陪门财，还需要提供嫁妆，确切原因难以知晓，不过《哈佛中国史》作者认为，这导致女性在跨家族网络形成时重要性衰减，嫁女儿带来的财产损失使得上层女子的地位也有所下降。

唐朝贵族女性拥有相对瞩目的社会地位，她们也更容易成为政治牺牲品。杨玉环成了杨贵妃后，深得唐玄宗宠爱，杨氏家族也由此一荣俱荣。贵妃的哥哥杨钊得到皇帝赐名“杨国忠”，并当上宰相，三个姐姐也都诰封国夫人，风头无两，富贵荣华，甚至连公主见了都得避让三分。杨贵妃更是集三千宠爱于一身，在后世写下的故事中，比如“一骑红尘妃子笑”的荔枝掌故，被演绎为二人骄奢无度的证明。但汉学家薛爱华在《朱雀：唐代的南方意象》中提到古代一位作家的质疑：生长在南越的荔枝“一日色变，二日味变”，等送到大明宫时恐怕早已不复新鲜。即便是驿马相送，也难在酷暑天从南方到北方保持原样，因此为贵妃快马送鲜荔枝的故事可能也存在想象。

事实上，杨贵妃恐怕并非安史之乱的真正原因。尽管杨国忠拜相的确得益于杨玉环，杨氏家族也在很多时候影响着皇帝决策，但朝纲混乱与贵妃并无太大干系，她本人也与朝政无涉。于赓哲曾对此做过分析，安史之乱“清君侧”的对象是杨国忠，此人能力低下却非常贪婪，这体现出皇帝在任命宰相上的失职，包括此前的李林甫，都全无开元时期姚崇、张九龄等人的才干。此外，贵妃本身没有弄权的条件，唐玄宗的母亲被武则天杀死，唐玄宗登基前经历了与太平公主、上官婉儿、韦皇后等一众女性的较量，因此于赓哲称其“是一个以消灭女人专政为目标的人”，即使年老也不可能让贵妃有机可乘。而杨玉环本人也没有对政治权力的欲望，史籍中并无相关记载，她所享受的仅仅是儿女之情，和野心勃勃的武则天与太平公主等人并不相像。

杨玉环对国家兴衰的影响可能难下定论，但她倒货真价实地带动了唐朝女性的审美潮流，放在今天来看，想必会是最具号召力的时尚博主。

杨贵妃的首要特点便是身形丰腴，与汉代赵飞燕以“燕瘦环肥”并称。唐人并非一直偏爱丰满身材，就在开元初年，社会上还保持着武周时期高瘦挺拔的审美取向，但在唐玄宗统治的第二个十年起，也许是太平盛世物质丰盛的缘故，女性身形变得丰腴，衣衫也越发宽松。杨玉环所承载的，正是以胖为美时期对唐朝美人的所有想象。天宝年间墓室壁画中的女性形象也都体态丰满，佐证了这一时代潮流，这与史料对杨玉环的描述也是相符的，《旧唐书·后妃传》记载“太真姿质丰艳”，五代笔记《开元天宝遗事》称“贵妃素有肉体，至夏苦热”，宋代《杨太真外传》写“贵妃有姊三人，皆丰硕修整，工于谑浪，巧会旨趣”。

唐朝风尚发展的一大特点是从皇宫走向民间，上层社会流行什么，平民女性也争相仿效。杨贵妃在服饰和妆发上的许多偏好都在当时成为最受欢迎的时尚印记，“上自宫掖，下至匹庶，递相仿效，贵贱无别”。比如石榴裙，一种裙腰高束的红色长裙，唐玄宗最爱看杨玉环身着这种红裙在石榴花丛中跳舞，群臣却很是不满，见到贵妃不愿行礼，玄宗便下令大臣们见到杨玉环必须行礼，这正是拜石榴裙的由来。石榴裙的风潮很快扩散到宫外，贵族女性也均以着此裙为时尚。

这一时期的宫中女性还有着男装的爱好，这与李唐王朝的尚武习气有关。刘肃的《大唐新语》记载：“士流之妻或衣丈夫服，靴衫鞭帽，内外一贯矣。”后来出土的唐代女俑中也有不少身着男装做骑射状。名画《虢国夫人游春图》中，一般推测贵妃的姐姐虢国夫人便是其中一个着男装者。这一风气在开元和天宝年间最盛，无论宫里宫外都风靡一时。而贵族女性显然是当之无愧的潮流制造者。

除了衣着，杨贵妃在妆饰上也常常别具一格。唐朝女性偏爱艳丽浓妆，在敷粉后会以胭脂晕染在两颊，杨玉环却作“白妆黑眉”，只扑粉不施朱，如同哭过一般，这种“泪妆”引得后宫女性纷纷追捧模仿。虢国夫人也爱此妆容，杜甫（一说为张祜）的《集灵台》有诗句为证："虢国夫人承主恩，平明骑马入宫门。却嫌脂粉污颜色，淡扫蛾眉朝至尊。"唐朝女性妆容变化颇多，但贵族女性闲暇更多，有大把时间钻研妆容衣饰，比如常见的柳叶眉、远山眉、蛾眉之外，她们还发明出奇特的"八字眉"；甚至泪妆也算不得离奇，唐朝还兴起过"血晕妆"，《唐语林》中提到"妇人去眉，以丹紫三四横约于目上下，谓之'血晕妆'"，想来很是吊诡。但女性在时尚中的标新立异，也显现出唐朝社会审美的多元与宽容。至少杨玉环作为皇室成员，有足够空间与自由彰显女性的自信和风貌。

鱼玄机：道观里的自由

武则天和杨玉环故事再丰满，终究只是皇室女性的侧写，还原大唐妇女如果失去平民视角，那必然是有缺憾的。正史负责留下权力阶层的烙印，却不会给鱼玄机这种平民才女添上一笔。尽管饱受争议，晚唐女冠诗人鱼玄机的才华和悲剧性使其成为管窥唐代女性风貌不可或缺的人物。

关于鱼玄机的史料其实并不翔实，散见于唐人编撰的《全唐诗》《唐才子传》《三水小牍》以及宋朝的《北梦琐言》等文学作品中，各处说法还有颇多出入。除了被公认有才华，鱼玄机在后人笔下还因生

（清）改琦，《元机诗意图》（部分），藏于故宫博物院

活作风开放受到不少道德批评。但通过这些散落的资料，可以大致拼凑出鱼玄机短短 20 余年的生命经历，从她的诸多人生剖面中，我们可以暂且抛却后世或片面或囫囵的评述，尽力在真实的历史语境中，还原唐朝平民女子及她们的人生。

鱼玄机生卒年份均不确切，多数说法是出生于唐武宗会昌四年（844），卒于唐懿宗咸通十二年（871）。“玄机”并非其本名，在入道观前，鱼玄机名叫鱼幼微。尽管出身寒门，按照《北梦琐言》所讲，鱼玄机从小就“甚有才思”，《唐才子传》形容她“性聪慧，好读书，尤工韵调，情致繁缛”，唐末皇甫枚《三水小牍》也记载其“色既倾国，思乃入神，喜读书属文，尤致意于一吟一咏”。可见鱼玄机在相貌和诗文功底上的出色是人所共识的。如果说有副好皮囊只是老天赏饭吃，她在文学才华上的成就则一定程度受益于教育。

有记载称鱼玄机的父亲曾悉心栽培女儿，因此她 5 岁能诵诗，7 岁会习作，很快就在周围小有声名。像鱼玄机这样的平民女子受教育在唐朝并不罕见，不同于其他朝代推崇“女子无才便是德”，唐代的教育风气从贵族走向平民阶级，也从男性渗透向女性。这一时期的女性教育依然延续以礼教为核心，但主流思想也提倡妇女知书明理。唐代作家李华在《与外孙崔氏二孩书》中写过："妇人亦要读书解文字，知古今情状。"唐朝并没有针对女性的公共教育形式，但科举制带来的私学兴办大大惠及了底层民众，女性也间接受益。不过无论贵族官宦还是平民百姓，家庭教育才是女性最主要的受教育方式。

学者高世瑜在《唐代妇女》一书中将女性所受教育分为四类：道德礼法、女红家务、典籍文化、音律丝竹。一般的平民家庭侧重前两类教育内容，由母亲教育女儿的"为妇之道"，不过有些普通家庭中会有父兄指点女性学习诗赋文章，比如鱼玄机就受教于父亲。由于唐朝才女频出，不少有文化的女性也能教授子女识文断字，且因此成为史书中的"贤母"。事实上，不仅是平民女子，唐朝不少婢女和倡优都通诗文晓书墨，足见这一时代女性受教育的相对普及。

鱼玄机才情斐然，婚姻却坎坷多舛。15 岁时，鱼玄机嫁给状元李亿（字子安）做妾室，因不容于善妒的正妻裴氏，婚后不久在长安咸宜观出家做了女道士，即女冠，并更名鱼玄机。尽管鱼玄机进入道观并非自愿，但女子出家做女冠在唐朝不算什么凄惨结局，道教崇尚的自由平等与女神崇拜吸引了众多妇女入道。这一流行从唐朝公主崇道的比例就可见一斑，据《唐会要》和《新唐书》记载，李唐王朝的 200 余位公主中，先后有玉真、文安、永嘉等 14 位公主出家做了道士，最出名的太平公主曾两度入道，第一次是为武则天之母祈冥福，第二次则是为了规避远嫁和亲。还有不少公主入道就是为了摆脱纲常伦理管束。

对于贵族女性而言，入道后依然可以锦衣玉食，还有额外的好处在于生活可以更加自由，不受礼法拘束。除了主动选择，更多普通女性可能与鱼玄机的命运类似，因现实中的挫折而选择入道。不论自愿与否，道教的确为她们提供了逃离世俗礼教的去处，由于道教在唐朝曾被奉为国教，这也使得女冠获得一定的社会地位。对于鱼玄机这样的才女而言，成为女冠带来的自由恰恰成了其展现才情的途径。

在唐朝，道观是具备政治和社会功能的公共空间，正是在这里，鱼玄机得以结识更多的名士，与温庭筠、李近仁、李郢、左名场等人诗词酬酢，唱和交际。道观不将世俗的家庭责任之累加诸女性，而提供更开放的社交空间，使女冠们得以充分开阔眼界，在与文人的交往中浸染诗书文墨。

在后世可见的鱼玄机的 50 首诗作中，表达相思情意和往来唱和的作品是两个最重要的主题，并且大部分创作于入道之后。从文学价值而言，以鱼玄机为代表的一批女冠诗人不仅留下了相当可观的诗歌数量，并且表现出强烈的女性意识和开放观念，尤其是不讳言情的表达成就了不加矫揉的真实与可爱。“忆君心似西江水，日夜东流无歇时”

(《江陵愁望寄子安》),“愿得西山无树木,免教人作泪悬悬”(《折杨柳》),这些都是鱼玄机的经典爱情诗句。另有数篇与道教体悟相关的诗作也独有女性的清新灵动。

但过度恣意纵情的生活也为鱼玄机招致了骂名。与丈夫李亿分手后,鱼玄机曾痴情等待过他接回自己,她在至少五篇诗作的文题中提及李亿,但最终等到的还是被抛弃的结局。或许正是婚姻的挫折催生了鱼玄机后来的不羁。《三水小牍》里写,她在咸宜观外贴出“鱼玄机诗文候教”,自此开始了与风流名士们“鸣琴赋诗,间以谑浪”的生活,留下不少暧昧不明的缱绻韵事。鱼玄机的转变除了与自身遭遇有关,道教不设男女之大防的观念也影响了她的作风。这一时代的道教受到狂热追捧,却不像佛教有完备的规范戒律,更不压抑人的欲望,反而认为男女之交天经地义。

因此,女冠的风流冶艳在当时是普遍现象,不仅是鱼玄机,与之齐名的女冠诗人李冶、薛涛也多有相似情状,在诗文中也直抒情爱,鱼玄机就曾写过“焚香出户迎潘岳,不羡牵牛织女家”。尽管唐朝社会风气开放,但由于有违于传统礼教观念,这使得女冠在历史学家笔下与坊妓并举。也许从社交活动上看,这二者都与异性过从甚密,但女冠与坊妓却并非同一社会阶层,前者也不需要仰男性鼻息生存,鱼玄机就曾多次拒绝不喜欢的求爱者。

鱼玄机被贴上“荡妇”的标签，实则是卫道士的一家之言。哪怕是唐代公主，也常常会被定性为声名狼藉，美国汉学家陆威仪在《哈佛中国史》中评述称：“仅仅是因为对个人自由的坚持或是所谓的放荡生活，她们是正统历史学家笔下所有独立自主或者有权势妇女的共同特征。公主们有时出家当道姑，并被奉为道教女仙……使她们可以自由地追求自己的兴趣，但也被谴责有淫荡行为，这又是人们对独立自主女性的刻板印象。”

鱼玄机的人生走向终点，则是因为被怀疑妒杀婢女而处以极刑。她的人生拐点与终结，似乎都离不开感情纠葛。但悲剧的起点，在于鱼玄机作为李亿妾室的遭遇。在重视门第的唐代中，平民出身的鱼玄机终究难以改变在婚姻中的卑下地位，不仅和正妻地位悬殊，甚至算不上与丈夫有正式婚姻关系。

在蓄妾成风的背景下，姬妾沦为待价而沽的商品，这是维护宗法和尊卑等级的必然——事实上，唐人也多称“买妾”而非“娶妾”。鱼玄机所代表的纳妾悲剧，是这个已经算得上封建女性的黄金时代里，依然潜藏的深深的危机。

域外颜色：唐朝女子时尚[①]

中国古代女子形象，有唐一代妇人至为雍容华贵，却无失优雅典丽。盛中唐张萱、周昉的仕女画勾勒出这样的女性形象：发髻宽大巍峨，或满插步摇，或遍簪盛放的牡丹；五官浓重，精致中透出疏放大气，丰满的面颊上常常妆点各式花钿；身材丰腴秾丽，穿锦着罗，领口宽大低开，以至“粉胸半掩疑暗雪”。这一经典时尚大多拜胡风所赐。我们由此窥见盛中唐时期胡服风行之一斑。这一时尚自初唐时已浓烈，至盛中唐不衰，晚唐仍余绪不绝。

遮蔽之美：首服

首服也称“头衣”，泛指裹头或饰发的巾、帽、冠等。《新唐书·车服志》为我们勾勒出唐朝女性首服变化的面貌：“初，妇人

---

① 本文作者为邱忠鸣、王新。

（唐）周昉，《簪花仕女图》（局部），藏于辽宁省博物馆

施羃䍦以蔽身，永徽中始用帷冒，施裙及颈。……武后时帷冒益盛，中宗后乃无复羃䍦矣……至露髻驰骋，而帷冒亦废。”《旧唐书·舆服志》记载：“开元初，从驾官人骑马者，皆着胡帽，靓妆露面，无复障蔽。士庶之家，又相效仿。”

羃䍦的形制，尚无可靠的实物坐实，我们唯能从文献揣测于一端。马缟在《中华古今注》中说“羃䍦之象类今之方巾，全身障蔽，缯帛为之”，但其形制有多种：初为障蔽头部和全身，次为盖头齐肩；或纱质或毛料；帽胎也有软硬之分。羃䍦之兴，起自西域。西域多风沙，因此羃䍦便为西域人必备之物，男女均用，约于南北朝时传入中原，至唐初成为女子出行之服，脱去旧有功能，为一时之风尚。

永徽至开元年间盛行的帷帽为高顶大檐帽，檐下垂一丝网，施裙及颈，类似于“帷”。向达先生认为吐谷浑男子通常戴帷帽——长裙缯帽，原为遮蔽风沙之用。从羃䍦至帷帽的演变可看出唐代女子首服向短、小、薄、透等转变的特点。此外还有各式胡帽，例如珠帽、貂

（唐）李震墓壁画《舞女图》（局部），
藏于陕西昭陵博物馆

帽、毡帽、浑脱帽、蕃帽、卷檐帽等。

隋代女性髻式较平，至唐渐高，唐代各时期亦有变化。唐段成式《髻鬟品》记载："高祖宫中有半翻髻、反绾髻、乐游髻，明皇帝宫中有双环望仙髻、回鹘髻，贵妃作愁来髻。贞元中有归顺髻，又有闹扫妆髻。长安城中有盘桓髻、惊鹄髻，又抛家髻及倭堕髻。"其中部分髻式可与图像材料相应。与之相配的是翻领，窄袖、宽身，衣长及地，以红色织锦为主，领、袖镶宽阔的织金花边。中晚唐时袍衣趋于宽肥。

面妆：桃面花靥

首服之下，为面妆。"西子去时遗笑靥，谢娥行处落金钿。"美人

（日本）鸟毛立女屏风，藏于日本正仓院，这个屏风中的仕女面妆就是唐朝典型的桃面花靥面妆

已杳，笑靥尚存，颇值玩味；而美丽的花钿萎落一地的情景，不知诸君做何想象？

“薄妆桃脸，满面纵横花靥”，古今中外的彩妆，恐怕以唐五代的女人最有胆张扬。初盛唐时期女性面妆的程序一般为：傅铅粉、抹胭脂、画黛眉、贴花钿、点面靥、描斜红、涂唇脂等。与历代女子相比，唐代女性面妆中最具特色者，除“翠眉与晕眉”之外，还有额黄、花钿、妆靥与斜红等。

花钿，在唐人文集和诗集中，多称花子或媚子。即女性在眉心处或粘贴或描画各种图案。花钿的材质有金箔、纸、鱼鳃骨、鲥鳞、茶油花饼等多种，其色有红、绿、黄等。此点孙机先生已经明言。从文献和视觉材料来看，花钿所贴或画的图案或为圆形等几何形，或为花、鹤、蝶、星、月等自然物形，或者在实物之上再行描绘。其中在蜻蜓翅翼上画折枝花者尤为精致鲜活。

上述焕烂的彩妆大多有着域外的来源，有些虽为中土的创意，但在观念上却与西域有着脱不开的关系。

蹀躞金乌：女着男装

与浓烈面妆形成很大张力的却是唐朝女子独爱男装。太平公主被记载身着男装，腰间佩戴着蹀躞七事，铿锵踏步、曼妙歌舞，秀丽是一定的，难得的是飒爽英气扑面而来。大唐公主的另类，是时代的缩影，为大量的考古发现证实。

蹀躞七事，为佩于腰间革带上的七件实用之物：佩刀、刀子、砺石、契苾真、哕厥、针筒、火石。砺石，即磨刀石；契苾真是可作雕凿之用的楔子；哕厥，为解绳结用的锥子；针筒：用于存放各种针或者纸帛的小筒；火石，点火用的燧石。除各种实用工具之外，针筒内或可装上护身符等，亦未可知。

（唐）段简璧墓壁画男装侍女图，藏于陕西昭陵博物馆

（唐）段文杰摹第 130 窟甬道南壁绘《都督夫人太原王氏礼佛图》，藏于敦煌莫高窟

蹀躞七事均为行旅或野外生存的必备用具，其功能赶超瑞士军刀。我们不难想到这并非中原汉民族的发明，而是游牧民的常用之物，当为胡装之一部分。而唐朝女子所着男装的形式与观念也多与胡俗有关，一般为头戴皂罗幞头，或扎布条，或露髻，身穿圆领或翻领长袍，腰束带，下身着波斯紧口条纹裤，脚蹬线鞋或翘头靴。

着此种装扮的女性也大可扬鞭驰骋、游春射猎。这当然相左于“女正位乎内，男正位乎外”的“传统”观念，表现出唐代女性与其他历史时期殊为不同的性别意识。

回眸胡服的历史，赵武灵王推行胡服骑射，秦汉大多用于军旅，东汉末年出了一位灵帝“好胡服、胡帐、胡床、胡坐、胡饭、胡箜篌、胡笛、胡舞，京都贵戚皆竞为之”。

位于汉唐两大帝国之间的魏晋南北朝，各民族频繁碰撞融合，胡服日渐潜入寻常人家，百姓常着胡帽、袴褶、长靿靴等，为有唐一代的“国际时尚”埋下伏笔。唐朝的“全球风尚”可谓海纳百川，处处闪耀着民族自信的光芒。

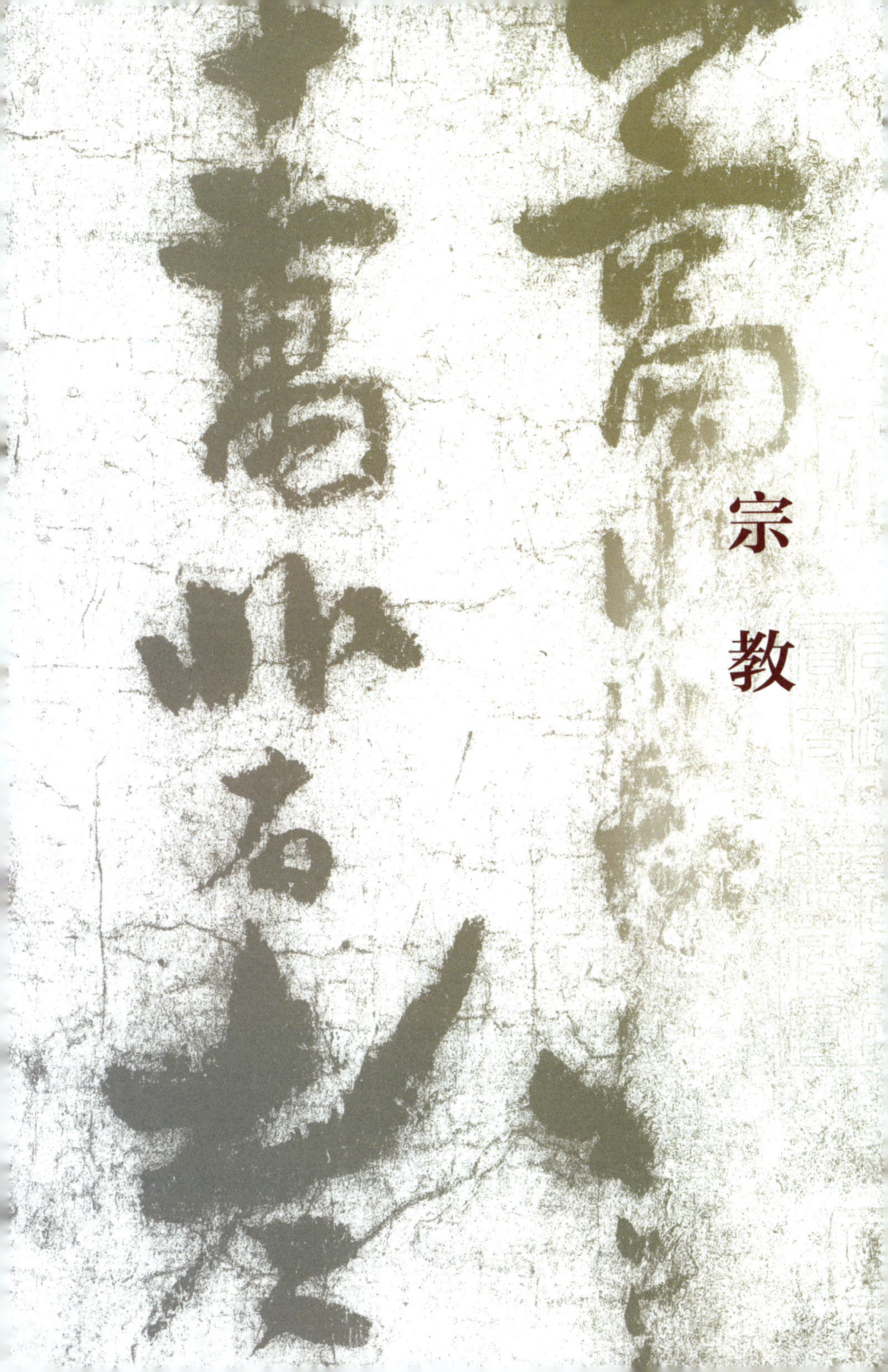

宗教

三教归一的气度：佛教、道教、景教[1]

唐代的长安不仅是商业枢纽和物资汇聚之地，达官贵人、才子佳人生活的空间，更是“信仰之都”。来自波斯的商人带来了景教、祆教、摩尼教；作为当时实际上的佛教世界中心，从印度、中亚而来的佛教僧侣，只有到达长安，才能登上传法事业的顶峰，而来自东瀛和新罗的学问僧们，又把从长安带走的佛光洒在日本列岛和朝鲜半岛上；佛道并重，三教归一，宗教消费成为推动商业繁荣的重要推动力。

唐朝人的“圣诞节”

1300多年前一个腊月的夜晚。那时，冬季的长安城，晚上通常很冷。这天晚上，大明宫内灯光通明，充足的炭火把大殿烘烤得暖洋洋的，以至于参加宴席的客人们脸上都

---

① 本文作者为马戎戎。

（唐）高昌景教教堂壁画，藏于德国柏林亚洲艺术博物馆

微微有了汗珠。宴席的主人是代宗皇帝，他端起酒杯，真诚地祝福席间的各位客人“圣诞节”快乐，并赐给他们御制名香和糕饼。客人们自然感激涕零，下跪谢恩，山呼万岁。

781 年，这些客人的首席代表、长安景教寺院大秦寺僧首景净，在唐德宗敕建的《大秦景教流行中国碑》碑文中，满怀感恩之心地写下：“代宗文武皇帝恢张圣运，从事无为，每于降诞之辰，锡天香以告成功，颁御馔以光景众。”

这是中国史料中，最早的关于中国人过“圣诞节”的记录。而这一幕，发生在 1300 多年前的唐代。而所谓的景教，就是最早来到中国的基督教。

景教是公元 635 年入唐的。唐太宗李世民对这个从波斯远道而来的宗教十分好奇。他派丞相房玄龄到长安城外去迎接他们，还亲自听主教阿罗本讲道。之后，他表现出了对这个教派的欣赏。他允许阿罗本在皇家的藏书楼里翻译经典，还允许他进入内廷，与自己讨论教义。

贞观十二年（638）七月，唐太宗亲自颁发了允许这种新来的宗教在大唐传播的诏书，诏书这样写道："道无常名，圣无常体。随方设教，密济众生。"这 16 个字，体现了唐太宗对宗教的高超理解。

事实上，来到中国的景教，就是基督教历史上的"异端"——聂斯托里派。聂斯托里曾于 428—431 年任君士坦丁堡大主教，他否认基督的"神性"和"人性"是结合为一个本体的，认为应该把基督的神性和人性区分开来，基督的神性本体是依附在人性本体上的，圣母是"人母"而非"神母"。很快，聂斯托里被教廷宣判为"异端"，剥夺大主教职务，流放到了埃及。他的信徒们则被东罗马帝国迫害，进入波斯。在那里，他们成立了独立的教会，自东向南，将教义带到了印度和中国。

从此，如《大秦景教流行中国碑》中所撰写的那样："明明景教，言归我唐。"到了高宗年间，景教一度在中国发展到"法流十道，寺满百城"的规模。大概是由于客人来自波斯，在诏书中，唐太宗将阿罗本和他带来的教徒们称呼为"波斯僧"。

他为阿罗本和"僧众"建立的寺院，也被长安的居民称呼为"波斯寺”。其实，无论是对于唐太宗，还是长安城的居民来说，阿罗本和他的同伴，不是唯一的“波斯僧”。当年，长安城里，同样被称为“波斯僧”的，还有祆教徒和摩尼教徒。祆教又称拜火教或火祆教，是中国古代对起源于波斯的琐罗亚斯德教（Zoroastrianism）的称呼。

琐罗亚斯德教最根本的理论基石是善恶二元论：世界存在着善与恶两大本原的对立，善本原代表着智慧、善良和创造，是光明和生命的体现；恶本原代表着愚昧、邪恶和破坏，是黑暗和死亡的体现。善与恶、光明与黑暗的对立是永恒的，它们之间的对立和斗争起源于“二”，最终又复归于“二”。公元4世纪初，祆教就已通过粟特商人的途径传入了中国，北周的统治者为了发展与西域诸国的关系，甚至制定了“拜胡天制”，由皇帝亲自参与祭拜活动。

唐高宗时代，摩尼教传入中国，武则天曾接见了第一批来华的摩尼教徒。摩尼教的中心思想是“二宗三际论”，二宗即光明与黑暗，三际是指世界发展的三个阶段：初际、中际、后际。摩尼教认为光明与黑暗是世界的本原，光明王国光明、洁净、和善、快乐，是美好的所在，而黑暗王国则是邪恶的化身。

摩尼教公元3世纪中叶由波斯人摩尼创立，3世纪末在本土被祆教打压，于是沿着丝绸之路向东方传播。摩尼年轻时曾为基督教徒，因此，教义中有明显的基督教“末日说”影响：摩尼教认为，只要通过艰苦的“劳心救性”，人类的灵魂终将得救，回归光明王国。那些拒绝拯救的灵魂将连同地球及黑暗物质一起，在熊熊的世界末日大火中归于毁灭。

在古代宗教史研究领域中，景教、祆教、摩尼教被统称为唐代的“三夷教”。“三夷教”的寺院主要集中在长安城的西北部，靠近胡商聚集的国际商品交易市场“西市”，方便各族胡人祭祀礼拜。

“每岁商胡祈福，烹猪羊，琵琶鼓笛，酣歌醉舞。”每至岁末，西市的胡人祈福活动便成为长安城内的一景。胡人们在仪式上表演“破腹出肠”西域幻术，让大唐居民们又惊惧，又好奇。

在浙江大学东亚文化研究中心主任、博士生导师孙英刚教授看来，“三夷教”留下的正式宗教文献非常少，少到“写篇博士论文都不够”。但是，“这些信仰在中国都有教堂，说明当时中国人的信仰很开放”。

“三教并弘”下的大唐家庭

唐玄宗年间，青城山有个道士叫刘知古。唐玄宗好丹药，刘知古曾给唐玄宗上书《日月玄枢论》，确定了道家的“内丹思想”。

相比他的修为，更有趣的是他的家庭：刘知古本人入道，他的兄长学儒家经典，弟弟则奉佛，出家于武担山静乱寺，法号履彻。据当时的宰相张说的记载，刘知古曾在成都太清观的静思院将老子、孔子与释迦牟尼共冶一炉，被张说评论为："三圣同在此堂，焕乎有意哉！达观之一致也。"刘知古"一家三教"，同一家庭内部的不同成员可以有三种信仰，这是在信仰多元的唐代才会发生的事情。

儒释道能共冶一炉，不能不提到唐武德七年那场著名的"儒释道辩难"。624 年 2 月的一个清晨，唐高祖李渊携秦王李世民，出席了长安国学的"释奠"大典。释奠本来是国家祭祀先圣孔子的大典，但这次参加讲论的，不仅有国子博士徐文远与太学博士陆德明等大儒，还有来自佛教、道教的代表性人物：长安圣光寺沙门慧乘、普光寺沙门道岳，清虚观道士刘进喜、李仲卿。

由于唐高祖以老子后裔自居，以道教为本宗，故辩论中的席次以道士居首，儒家居中，沙门殿后。三门的代表人物相继升座讲经，之后相互辩难，气氛极为热烈。

"释奠"之前，唐高祖发布诏书，定下了"三教虽异，善归一揆"的原则与基调，为整个大唐奠定了兼容并包的文化主旋律。由于这样的讲论时常进行，三教中人不得不兼明三教，否则无从在论战中取胜。

"三教并弘、兼容并包是唐代的基本文化国策。"西北大学佛教研究所所长李利安说，“三教互补、会通合一的意义，就在于自此之后，三教在彼此呼应中形成了一个完整的体系，即中华传统文化。”开元二十三年（735）八月初五，是唐玄宗的生日。为了庆祝生日，这一天，唐玄宗特意举行了一次三教讲论活动。在这次讲论中，玄宗明确提出了“会三归一”的主张，宰相张九龄将之解释为“万殊一贯，三教同归”。

这一年，唐玄宗完成了“遍注三教”：御制《道德经注》，颁行天下；御注佛教的《金刚经》。开元十年（722）六月二日，唐玄宗曾御注《孝经》颁于天下，到了天宝二年（743）五月，他再一次御注《孝经》。

《孝经》《金刚经》《道德经》是儒、释、道三教根本性的经典。唐玄宗遍注三教，表明了他对宗教的态度：尊儒、崇道、不抑佛。正是在这样的文化国策下，唐代成为中国佛教发展史上的黄金时代，长安成为当时事实上的世界佛教中心，进而成为整个世界的“信仰之都”。

“那时，世界舞台的中心就在大唐，所有有抱负的人都要到大唐才能发挥他的才能，博取他的名声。来自世界各地的僧人、商旅，穿越沙漠和海峡，络绎不绝地到中国来学习，学习完之后把这些最先进的理念传入日本，传入朝鲜，传入中亚、西亚甚至更远的地方，这实际上是一个全球化的过程。”孙英刚这样评价。

大唐皇室与佛教

显庆元年（656）十月，皇后武则天即将临产，产前，她自觉身体不安，心里十分忐忑。信仰佛教的武则天，请大师玄奘入宫祈福。玄奘答应了，他提出，如果皇后生下男孩，希望这个孩子能够剃度出家。唐高宗许可了这个提议，十一月初五，皇子李显出生。十二月初五，李显满月，玄奘亲自为之剃度，高宗给这个男婴赐号“佛光王”。

李显就是后来的唐中宗，一直到 8 世纪初，玄奘去世半个世纪后，中宗还会到大慈恩寺追念他。李唐皇室推崇道教，唐高祖、唐太宗均主张“道先佛后”。然而，如果说道家更多参与了庙堂之上的国家礼仪，自西汉末年传入中土的佛教，在唐代则完全达到了一个崭新的高峰。

“到唐代的时候，中国佛教应该说已经达到这样一个高度：唐代是中国历史上佛经翻译的最高峰，印度佛教的主要经典向中国输入基本完成。第二个方面就是中国人对外来佛教文化的理解，经过几百年的传承和发展，到唐代的时候，理论体系的组建，可以说达到了历史上空前绝后的顶峰。第三个方面，佛教的八大宗派，除了天台宗创立于隋代之外，其他如唯识宗、三论宗、华严宗、禅宗、律宗、净土

（唐）壁画《金佛传》

宗、密宗等中国化佛教宗派，都是在唐代真正定型的。”李利安这样评价佛教在唐代的成就，“从这个意义上来讲，印度佛教的中国化在唐朝已经彻底完成了。”

“玄奘取经归国之后，世界佛教文化版图的中心已经实现了从印度向中国内地的转移。”李利安说，“在唐代，佛教已经渗透到了社会生活的各个领域，成为民众的普遍信仰，改变了中国人的思维方式，重塑了中国人的精神世界，直接影响到中国人的日常生活方式。”

“长安城是一座渗透了佛教性格的城市。”孙英刚认为，和同时期世界其他地方的城市相比，作为人类历史上第一个人口超百万的城市，长安是一座“佛光照耀下的城市”。长安有近200所寺院，僧侣在人口中所占的比重也很高。

寺院承担了非常多的社会功能，其中最为重要的一个就是社会的公共空间。“佛教传入中国之前，中国的城市只有两部分：一部分是私人空间；一部分是官方机构，官府。老百姓是进不去的。佛教进来之后，按佛教的定义，众生平等，所以不论是达官贵人还是普通老百姓都可以进到这个空间去，所以就有了公共空间，改变了城市结构，也改变了城市的生活面貌。”

寺院林立的长安，仅佛教宗派就多达 10 个。唐高宗时期，印度高僧阿地瞿多到慧日寺的浮图院建立“陀罗尼普集会坛”，很多皇室成员、王公贵族都前往参加。这表明，自南北朝时期传入中国的“密教”已经有了非常深厚的基础。武则天本人也曾为十一面观音造像、供奉。

《中国密教史》作者、陕西师范大学吕建福教授认为，唐代中期是汉传密教发展的黄金时期。根据黄心川先生在《中国密教史》中所指出的，汉地密教传播的历史大致可分为三个时期：杂密经咒传播时期；纯密或有组织的经典传播时期；印度坦多罗密教或晚期密教输入时期。

唐代开元年间，“开元三大士”善无畏、金刚智、不空来华后，直接翻译、弘传以《大日经》和《金刚顶经》为中心的印度金刚乘体系的密教，这些密教称为纯密。

作为金刚智的弟子，不空曾翻译《仁王护国般若波罗蜜多经》，积极地宣扬、发挥密法的护国功能。天宝五载（746），不空为唐玄宗祈雨成功，得赐紫衣；安史之乱中，安禄山攻入长安后，不空留在长安，和出逃的唐肃宗保持秘密联络，同时为唐肃宗积极修法，祈请肃宗还都。肃宗还都后，不空备受皇室礼遇。

吕建福认为，由于一方面适应了唐帝国中兴君主玄宗等人复兴皇室权力的需要，另一方面迎合了当时儒释道三教正在融合的趋势，汉传密教得到了急剧的发展，并且形成了一个以修持密法为主的中国佛教新宗派：唐密。

842—845年，唐武宗会昌年间，发起了大规模灭佛运动，史称“会昌法难”。之后，唐密渐衰，反而由日本僧人空海在日本发扬光大，成为今日的“东密”。而一度在大唐得以弘传的景教、祆教、摩尼教等诸多“波斯胡教”，也在这场法难中一并凋零了。

回归古典世界

从目前已知的史料来看，唐武宗灭佛的根本原因在于打击佛教寺院的经济势力，但也和“佛道之争”脱不开关系。武宗未即位时，已好道术，即位后即召道士入禁中。道士赵归真利用武宗向道，曾对武宗说：佛教不是中国之教，应当彻底清除。

事实上，唐文宗时，寺院的经济势力已经成为让皇室头疼的事。唐文宗曾对宰相说，古时三人共食一农人，今加兵佛，一农人乃为五人所食，其中吾民尤困于佛。唐武宗更明确认为，使吾民穷困的正是佛。于是下诏废除佛教，拆去山野招提和兰若（私立的僧居）4万所，还俗僧人近 10 万人。

到了会昌五年（845），共废寺 4600 余所，僧尼还俗 26 万多人，释放奴婢 15 万人，被寺院奴役的良人 50 余万，没收良田数千万顷。被释放的奴婢，每人分田百亩，编入国家户籍，并将寺院铜像用来铸钱，铁像铸成农具，金银像收归国库。会昌末年，全国两税户比宪宗“元和中兴”时增加了两倍多，税收进入安史之乱后国家最盛时期。

但是，武宗死后，宣宗即位。宣宗崇信佛教，下令恢复武宗时被废的佛寺，并杀死道士赵归真等。在此之后，佛教势力又兴盛起来。

在吕建福看来，“会昌灭佛”代表了封建帝王对宗教的态度边界：“‘三教合一’虽然是唐代的‘基本国策’，但事实上，各方之间形成的默契是，各家各派各有分工。国家的主流意识形态依然是儒家思想。包括佛教在内的宗教，只能在你的宗教领域里发挥作用，不能干预政治。一旦‘越界’，就要加以限制甚至禁毁。”

在孙英刚看来，“会昌灭佛”标志着唐帝国从开放进取的世界主义转向了保守的古典主义。中国主动掉头，回到了纯粹的古典时代。

“‘会昌灭佛’是中国自己放弃了对世界佛教的领导权力。在世界史的范围内，这带来两个后果：一方面是日本的文化自主性加强；另外一方面，在西边的话，伊斯兰教大举进入中亚，中亚的佛教国家得不到大唐的支持，很快衰落了。伊斯兰教一直东进到中国的陕西、宁夏、甘肃。而‘会昌灭佛’之后，整个中国的文化氛围和思想氛围都发生了变化，弥漫着一种排外的保守主义思想情绪。”

“会昌灭佛”的另外一个后果，是直接导致我国在唐以前的木构古建筑荡然无存，只有南禅寺大殿（782 年）逃过一劫。佛光寺（857 年）等建于“会昌灭佛”之后，而同一时期的日本，该时期的木构建筑大约有十几处，如法隆寺（670 年）、唐招提寺（760 年）、正仓院。在梁思成发现佛光寺之前，日本人曾宣称中国没有唐代及其以前的木构古建筑，必须到奈良去看。

总的来说，唐代是中国古代史的黄金年代，唐代文明是世界主义的文明，它是一种包容、开放、多元主义、胸怀非常宽广的文化。唐代是中国历史上最后一个世界性帝国。在孙英刚眼中，唐代的宗教多元政策创造了这样一个奇迹：“无论什么样的外来宗教，在唐代都可以和平共处，从未发生任何宗教战争，这在西方宗教历史上是不可想象的。”

求经与传教：玄奘、义净和鉴真[①]

唐朝最著名的出使者玄奘、义净和鉴真，既是三个“大和尚”，又在他们的留学、传教和翻译著书的活动中，扮演了大唐黄金时代“知识分子”的角色。

归来的和尚

645年正月，也就是唐太宗贞观十九年年初，长安城正在迎接一个人的回归。

这个人是远行印度、留学整整19年的玄奘。他走的时候，李世民尚未继位，等他回来，贞观盛世已颇具气象，长安是另一幅面貌了。而迎接者是房玄龄，唐太宗将迎接、安置玄奘的整个项目指派给了他这个得力的左右手，特意叮嘱他，一定要盛大。

如何盛大？房玄龄决定公开展示玄奘带回来的佛经、佛像和其他重要的旅行纪

① 本文作者为驳静。

（宋）佚名，《玄奘负笈图》，藏于日本东京国立博物馆

念品，将它们游行一大圈，最后都送到弘福寺收置。所以朱雀街数十里，“都人士子、内外官僚列道两旁，瞻仰而立”，都围挤在街面，烧香、撒花，看新鲜归来的和尚。

一面是朱雀街的繁华热闹，一面是玄奘心里头的清冷。他没有跟着大部队一起英雄凯旋般巡游，接受大众仰望，而是独自一人在官舍安坐。道宣的《续高僧传》里写过一句，说他“独守馆宇，坐镇清闲”，原因是“恐陷物议”。

在玄奘回国后的各项活动中，这幕开场是“缺席的开场”，人人热议，主角却不在现场。不过这个选择只是玄奘过人情商的一次小型展示。实际上玄奘刚刚回国，并不了解局面，但他知道的是，三国的魏国就有著名的中国西行取经第一人朱士行，汉朝开始，中印两国就有僧人互相来往，所以他这一趟出国求经不是什么前无古人之事。

实际上也后有来者。与玄奘同时代且同获得“三藏”称号的，还

玄奘归来当天，驮着大量印度珍宝的马队被围观、膜拜。视觉中国供图

有义净。后者算是玄奘之后唐朝影响力第二的僧人，可与玄奘并称为“唐朝归国二僧”。他经海路到达印度，一去就是 24 年，回到中国时，“天子亲迎”，这个规格比玄奘当年还高。

玄奘归国后给自己的任务很明确，他要翻译带回来的经书。留学 19 年，玄奘带回国经书数目为 657 部，翻译它们工作量浩大，仅凭一己之力不可能完成。比如他最看重的《瑜伽师地论》，这是玄奘出发前已在心里列入书单的书，当他终于到达西行终点那烂陀寺，跟该寺住持戒贤法师提的第一个要求就是学习《瑜伽师地论》。

这本书的梵文原文有四万颂，汉语译佛经，一般会把一颂译成四句，仅这一部，就有 16 万句，100 多万字。657 部经书，从何下手？玄奘借助“译场”形式，从全国征集网罗一大支僧侣队伍加入翻译班底，用优秀人才博取高效准确的翻译成果。无疑，这需要国家协助。

但是唐太宗对玄奘的首要诉求却不在翻译佛经。或者说，作为支

持佛学事业的交换，唐太宗急需玄奘留学 19 年期间获得的第一手“西域风土见闻”。

见闻也不是猎奇意义上的观光见闻，除了物产和风俗，唐太宗更急于了解的是国家形势，幅员、人口、农商贸易、语言文字，方方面面的资讯皆是珍宝。特别是，玄奘归国当时，唐太宗正带兵在洛阳，应对突厥侵犯。从隋末开始，突厥便兴风作浪，李世民和其父高祖李渊都曾败于他们，所以在太宗心里，这块心病当然是尽早除掉为好。

游记作者

玄奘与唐太宗的第一次见面发生在他归国后的第二个月。

史书对一僧一帝初次会面的谈话内容记载得非常详细，读来令人感慨之处在于，你会忍不住假设，玄奘当时倘若以外交官身份出使西

西安大雁塔广场的玄奘像。张雷摄

域，其才能绰绰有余。比如，原本尴尬的一件事是，玄奘出发前曾提交过出国申请，这份申请究竟有没有交到皇帝手里不得而知，总之没有得到回复，于是传颂后世的玄奘西行，包括后来盛大的回归，都始于“偷渡”。

纪法严明，偷渡固然成功，不回来也就罢了，既然要回，当然要思考“如何安全回国”的问题。所以玄奘 643 年从那烂陀寺动身，进入唐朝边境前，在于阗国（今塔里木盆地南沿）做了一段时间的停留。停留期间他做了重要准备。他给唐朝皇帝写了一封信，直陈自己是“冒越宪章，私往天竺”，他在信中除了简述自己西行纪要之外，还特意解释了自己为何到了边境还不立刻回家。总之这是封面面俱到、无懈可击的信。

寄出信后，玄奘在于阗一边等待一边讲经，八个月后，唐朝的使者到了。使者带给玄奘一封正式公文，公文大意是，法师留学多年，终于学成回来，我高兴还来不及，对罪责之事只字不提。这算是玄奘与唐太宗的第一次交手，看上去皆大欢喜。在往后的日子，太宗与玄奘这个佛教精神符号之间，还会有很多次交锋，一位老板和他颇有人气的下属之间那种机智交锋。但截止到公文送达时，二人尚未见面。

玄奘回到长安后不久，就动身到洛阳去拜见唐太宗。在这次类似于求职面试的会面中，唐太宗劈头就问，“师去何不相报”，意思是当年走的时候，怎么没向唐太宗报告一声。如果你是玄奘，听到这种开场白，第一反应会是什么？在一万种表达委屈、发泄愤怒、告大状的可能性里，玄奘选择了最智慧的一个答案，他说自己当年离开时“已再三表”，但没说将申请书交给谁了，没有得到允许，怪不得别人，而是因为自己“诚愿微浅”，诚心不够。

一个是殚精竭虑希望开展佛学事业的和尚，一个是志在开拓疆土的帝王，在你来我往的交谈里，两个聪明人起码明白一件事：他们可以达成亲密合作关系。

一年后，玄奘就为唐太宗献上了《大唐西域记》共十二卷，既写到了他踏足过的 110 个国家，也有他耳闻的 28 个国家。在献书附上的奏表中，他并不谦虚，他说前人出使，“班超侯而未远，张骞望而非博”，而他自己这本记录，“虽未极大千之疆，颇穷葱外之地，皆存实录，匪敢雕华”。“葱”是唐朝对帕米尔高原的称呼，“葱外”就是唐人心目中的西方了。

佛学大家之外，玄奘为人处世颇为圆滑。从玄奘的资料来看，他在西行路上，每至一个国家，似乎都能受到或是大法师或是国王的极大礼遇，高昌国国王甚至愿与他结拜为兄弟。他的名气到底是怎么传到人们耳中的？浙江大学研究东亚宗教文化的孙英刚教授认为，后人了解到的玄奘西行经历，全是从他的《大唐西域记》里来的，实际上并没有第二个人能够证实。

孙英刚举了一个例子。《大唐西域记》中记载过一段他与印度戒日王的对话，说戒日王询问他《秦王破阵乐》的内容。它是唐朝歌颂李世民（“秦”是李世民登基前的封号）的一首乐歌，孙英刚认为这段记录可存疑，可能是玄奘杜撰出来讨好李世民的。

这部书，当然是在唐太宗敦促下完成的，同时也是玄奘的政治觉悟。全书记载了不少所到国家的百姓、士兵以及牲畜的数量，活脱脱一本“项目结案书”，只不过作为甲方，唐太宗在项目启动时并没有出经费罢了。

另一位求学僧义净更勤奋，他传世的《大唐西域求法高僧传》与《南海寄归内法传》，是在归国途中完成的。季羡林在自己的《佛教十六讲》中，将义净的这两本书、玄奘的《大唐西域记》，外加东晋时代法显的《法显传》，并称为古代僧人游记中的“三足鼎立”。

史学界也都认可这几本书的史料价值，尤其是对印度古代史的研究。季羡林提到，印度民族不大重视历史记述，本国人民想要认真研究本国历史，常常需要乞灵于外国人写的书。

玄奘这本《大唐西域记》，内容丰富翔实，当时的确填补了唐太宗对西域的求知欲。

当然，并没有谁能说得上来，玄奘留学期间有无记日记的习惯，但玄奘回国后凭借回忆口述出来的这本书，的确对后世尤其是印度这个国家追踪历史意义非凡。季羡林曾评论此书，“对地理学的贡献达到一个前所未有的水平”。义净的两本书则是后继者。

早在 19 世纪，西方逐渐发现中国古代僧人的著作原来是研究历史的巨大宝藏，开始翻译成法语和英语。中国人爱写史，也爱写游记，虽然不时有官派使者进行外事活动，但在记录文明与地理的层面，还没有超过玄奘和义净两位僧人的。

翻译家

既然启动时未出经费，那么不妨在项目结束后给予补偿。唐太宗给玄奘的补偿便是全力支持他的翻译事业。

玄奘交了《大唐西域记》这个大作业后，马不停蹄地开始组织人手搞翻译，这才是他心心念念要开展的大项目。40 年后的义净，甚至在归途就开始书案工作了。这两位唐朝佛经的大翻译家，在佛教文化的推广上起着非常重要的作用。

义净跟玄奘年纪相差 33 岁。645 年玄奘回国时，义净正好 10 岁，但已经是有 3 年工龄的小沙弥了。到了 36 岁那年，义净完成了第一轮国内旅行，决定把活动范围拓展到西域。

不同于玄奘走的丝绸之路，义净走海路，先是在南海中的室利佛逝国和东印度的耽摩栗底国学习了将近两年的梵语，这才继续深入往西，到达中印度的那烂陀寺，并且在这所玄奘当年西行终点处的寺庙里一住就是 10 年。

东归返程，义净是按原路返回的，所以又到了最初停留的室利佛逝国，这回他在这里停留了 6 年。等到他最后决定回洛阳时，已经是 695 年了。武则天领着百官出城迎接，唐朝上一次如此隆重地迎接一位游学僧归来，恰好就是半个世纪前。

玄奘最初西行，是因为当时的佛教理论互相之间有分歧，他渴望读到梵文原本，理清谬误。所谓“真经”，其实就是原典。所以，从出发的时候，就注定了未来的翻译工作。

玄奘在弘福寺工作，俨然一位项目经理，带领 20 余名僧人统领一本接一本的佛经翻译项目。并且这些僧人各司其职，比如大家熟悉的辩机，工作岗位就曾是“证文”，此外也有“证义”“证梵语”的，“正字”“润文”的，“监护”的，分工极为明确。

玄奘采用的“译场”并不是他原创，早在东晋时期，道安和尚就开始用这种集体合作的方法搞翻译。到了玄奘，因为他本身双语都精通，可以把具体工作分配下去，自己担任总编辑，当然最重要的是制定翻译原则，究竟是意译还是直译，究竟在翻译中可以做多大程度的省略，都是玄奘在把控。

李氏王朝上下实际上对佛经翻译工作非常支持，太宗去世、高宗继位，都没有影响玄奘持续热烈地开展翻译工作，义净所在的武则天一朝更是佛法大兴的时代。在译场当中，除了僧侣、监护和润文，其他通常都是官员，也就意味着是熟读经典的饱学之士，皇帝自己有时也会出场。

玄奘几乎是夜以继日地工作，白天翻译，晚上有时还会受皇帝召见。与君王谈叙，是玄奘回到唐朝后的重要日常工作。玄奘一面希望

敦煌莫高窟讲述的唐朝佛教故事的彩色壁画

权力助力自己的翻译事业，比如请太宗给《瑜伽师地论》作序，一面又需要拒绝他提出的“还俗辅佐”请求。

义净的译场，场面恐怕更大，记载中时常出现光是“润文”就有 20 余人的情景。

后人统计玄奘回国后的 19 年时间里，翻译的佛经达 75 部。义净翻译的经典数量也非常大，大约有 50 万颂。这些中文译本，出自精通两国语言的高僧之手，无论是语义还是文采，都使它们足以传世，其中的一部分还会再被转译成其他文字，在传播链条上继续延展，充当了文化交流的重要一环。

玄奘和义净一生的写照，完全可以概括为：译万卷书，走万里路。只不过前半生走路，后半生译书。一个史学界并无严格定论的趣味点是，玄奘还在李世民要求下翻译过《道德经》，没错，这回是中译梵。这背后固然有“佛道之争”的问题，单看唐太宗给玄奘增加的额外工作量，还是能感知到某种“大国自我认同”。“官方信仰”为道教的李氏王朝，想借助佛教的影响力，输出一些所谓的“本土文化”。据称，玄奘迫于压力，终究还是译出了梵语版的《道德经》，这本书是否传去印度却不得而知了。

输出者

玄奘和义净西行，目的是学习，而鉴真主动东渡为的是“输出”。

“鉴真前五次东渡，均以失败告终。”这句话说起来轻巧，实际上，从被日本遣唐使普照和荣睿等人激发东渡愿望后，鉴真不断尝试，从扬州出海不行，就转战至福州，乃至，海风把他们可怜的船从福州吹到了海南，越走离日本越远。荣睿因为劳苦而离世，鉴真自己也双目失明，然而他仍然没有放弃东渡日本。

等鉴真再次回到扬州，回到起点，已经过去了 10 年。也就是说，在这 10 年时间里，鉴真屡次尝试，终究没有成功，几乎每回都是因为海路凶险，船在大海中漂流，能活下来已是万幸。鉴真在与大自然抗衡的 10 年里，大约只有苦笑。

到了 753 年，日本派过来的遣唐使已经到了第十批。等使者藤原

日本奈良唐招提寺所藏《东征传绘卷》局部，所绘场景为鉴真抵达日本时受到欢迎。视觉中国供图

清河返航，他的船终于载上了鉴真，正是这趟船，成功到了日本。写到此处似乎应当停下来思考，为什么行万里路的总是僧人？

当然也有一些记录在案的官派使者。玄奘之后，唐朝政府向印度派出过不少使者，比如梁怀璥、李义表和王玄策，后两位曾以正使和副使的职位共同前往印度。647 年，唐朝从摩伽陀王国的使者口中得知一种提炼蔗糖的技术，便派使者前去学习，王玄策是其中之一。这种不远万里学习的精神，是唐朝盛世的一个特点。玄奘回国两年后，大量经文翻译任务，使唐朝越发需要通晓梵文者，这是唐朝增加出使人员的另一个原因。

与此同时，唐朝这个强盛、开放的文明，就像暗夜里的发光体，周围的落后文明不由自主地被它吸引，想去发光地看看。当时全面落后的日本人就是这么干的，一拨接一拨的遣唐使进入中国，天文地理、政治制度和意识形态都在他们的学习范围内，当然也包括佛学。

唐朝放开怀抱迎接各国使者，正是反映出它的“大国自信和优越感”。史学家普遍认为，佛教层面，中国就是日本的母国。玄奘西行回国整整 100 年后，鉴真才开始他的第一次东渡计划，那个时候，唐朝比 100 年前更自信，佛教徒们也有理由认为自己所在的国家正处在佛学界的中心地位。大约正是抱着这种佛学无国界以及传教的思想，当日本遣唐使向鉴真发出东渡邀请时，鉴真下了这个决心。

唐朝盛世那种各国“知识分子”云集的气氛，令人想到 20 世纪初的巴黎，或者现代之美国，宛若“黄金时代”。生活在繁华都城里自然是优渥的，一旦出行，交通仍然是巨大的问题。长途旅行不只艰辛，还意味着需要冒生命危险。

在漫长跋涉、九死一生的文化交流中，走出去的总是信仰虔诚、甘愿冒险的僧人。鉴真最典型，哪怕一路都有人庇护，有官员将他奉为神明，钱财船只用品一概不在话下，也曾总是缺少一点“天时”，风浪里漂泊、无法靠岸。在鉴真无法抵达日本的 10 年间，他写了两首诗明志，其中一句结合他后来的凶险旅程来看，不免令人感慨：“如论惜命短，何得满长祇。”

现代人对僧人的印象多有误区，其中一个是，“穷得没饭吃才会被送到寺庙当和尚”，但是不论玄奘还是义净，他们出身都不低。玄奘甚至出身望族，但想成为正式僧人，过程繁复，最终被国家官方认可，至少需要一定文化基础，尽管不是每位僧人都能成为大知识分子，写出被后世认可的著作，但起码，“僧人云游四方”这个既定印象是不错的。

在《大唐西域求法高僧传》中，义净记录了玄奘之后的近 50 年时间里，大约 57 名远游僧人的行动轨迹。除了中国僧人，也有越南和朝鲜等国的僧人。今天来看，的确也证明了中国与沿海诸国之间的文化交流网络，就在一位一位僧人的旅途和笔记里编织而就。

鉴真一到日本，就在日本人的要求下对流传在当地的佛经做了校对。他双目无法阅读，只靠听人逐字诵读来指出其中错漏。除了这些细微工作，鉴真真正重要的任务是帮助日本天皇建立起受戒仪式，在此之前，日本寺庙的宣誓都是僧侣在佛像前“自我认定”，而不是由受戒师完成。

换句话说，那时日本的僧侣系统极为混乱，训练、受教、受戒得度，都没有严格的规范。鉴真说服了日本天皇，在他初到奈良所住的东大寺，设立戒坛。他在这里为几位皇室成员以及 400 多名沙弥受戒，还有原先受过旧戒的 80 名僧人，也愿意再受新戒。自此，日本受戒传

日本奈良东大寺，鉴真曾在这里设坛授戒。张雷摄

律的规则就被鉴真重新建立。

就在设计东大寺戒坛院建筑群的过程中，鉴真开始像一位建筑师一样工作。这项才能是鉴真年轻时习得的。他在国内游学时就对庄严的佛寺建筑艺术十分上心，跟着他的受戒师道岸和尚，鉴真近距离观察学习了长安荐福寺内小雁塔的建造过程。并不光是看和听，真正的实践经历鉴真也有过多次。建筑，称得上他多于玄奘和义净的技能点。

所以，当日本天皇将奈良城西一座亲王的旧宅赐给鉴真后，他利用这座基址好好地“炫技”了一把，与弟子及工匠一起设计并建成了如今著名的唐招提寺。无论是“外部涂丹”，还是“讲堂内部广阔明朗”，复刻的不仅是唐代建筑艺术风格，也试图复刻盛唐气势——日本美术史上奈良时代的灿烂，鉴真和尚有重要一笔。

鉴真 67 岁抵达日本，76 岁圆寂。堪堪 10 年中，在日本普及宗教教育，也涉及了书法、建筑和雕塑等艺术领域。在“交流”这个理当“双向流通”的定义里，与若干年前的玄奘和义净遥相呼应，为唐朝闭合了“输出”这个重要环节。

参考资料：

季羡林．佛教十六讲．武汉：长江文艺出版社，2010.
义净．南海寄归内法传校注．王邦维，校注．北京：中华书局，1995.
傅杰．鉴真大师传．北京：商务印书馆，2014.

胡风

唐代国际都市长安，当时对外国人到底开放到何种程度？

鸿胪寺

天宝十一载（752），藤原清河大使率领日本国第十一次遣唐使团从难波（今大阪）港乘船出发，500 人的队伍用了四艘船。他们沿九州西海岸南下，经过数十日航行，驶进唐长江下游的明州（今浙江宁波）。按照唐朝惯例，明州都督府为初抵唐疆土的藤原清河们安排住宿，同时将此事立即呈报皇帝，等朝廷下达旨意后，再安排使节前往首都长安。

不久，唐玄宗的圣旨到：遣唐使藤原清河与两位副使及判官等人获准进入长安。大部分水手和杂役留在港口。获准入长安的一

① 本文作者为张星云。

行人随后获得通行证“边牒”，凭此在扬州乘坐官船，沿大运河北上至汴州（今开封），然后西进经过洛阳，一路由各州县公差护送，最后下榻长安城郊外的长乐驿。随后宫廷内使引着与使团人数相等的马前来相迎，奉酒脯慰劳，接风洗尘，再一同骑上马由东城门春明门进入长安城。

春明门是长安的交通要道，它不仅连接东都洛阳和北都太原，也是唐的朝廷仪仗队迎外国使臣入城的地点，此外，到地方赴任的唐官吏由此出长安城，从库玛丹城远道而来的骆驼商队和从东亚修学求法而来的留学生皆由此入城。

每当晨鼓响时，长安街巷已是人群熙攘，到了傍晚暮鼓咚咚依然车水马龙。卷发高鼻、紫髯绿眼的西域胡人在西市附近向汉人售卖珍宝，而东市附近小酒馆林立，店内胡姬斟酒伴舞，出入的客人却皆是汉人。当然，往来之盛不仅限于陆路，南门外有名叫龙首渠的运河环绕，江浙的大米、南海的珍宝载船而来，桅樯林立，水上舟楫穿梭繁忙，热闹非凡。

通过春明门入城时，头一次来到长安的藤原清河想必正是看到了此等繁荣景象，后来才会对王贞白的《长安道》一诗尤为欣赏，诗曰：“晓鼓人已行，暮鼓人未息。梯航万国来，争先贡金帛。”长安极盛之景可想而知。

进入皇城的藤原清河随后入住皇城鸿胪寺的四方馆。鸿胪寺下设立典客署，专管接待和欢送外国使节。天宝十二载（753）元旦，唐玄宗在蓬莱宫含元殿接受百官、诸蕃的朝贺，受邀参加的藤原清河将从日本带来的贡物献给唐玄宗，唐玄宗随即下旨嘉奖朝贡，并回赐物品，因此如今日本正仓院仍保留着一些唐皇帝回赐的锦、绫和金银花盘。

按照礼节，藤原清河随后率遣唐使节在宣化殿遥拜唐玄宗，接着在麟德殿谒见天子，此时大使可提出希望和要求，一般有请必允。实际上这是一套极为标准的流程。

来长安朝见的各国使节，均由鸿胪寺负责按这套程序接待，只不过唐朝的历代皇帝都极为重视日本使节来访，因此往往亲自过问。这也是为什么唐朝 200 多年的历史中，日本派遣了 19 次遣唐使团总共 3000 多人，新罗和大食国使节团到长安的次数更多，分别为 89 次和 41 次，可如今看来，日本遣唐使在历史记载上留下的笔墨最多。

犬上三田率遣唐使首次入唐时，是贞观四年（630），唐太宗专门派新州刺史陪送遣唐使回国。武周长安二年（702），武则天曾亲自设宴招待第八次遣唐使。唐玄宗更是对数次来访的日本遣唐使团款待周到，甚至变通“礼闻来学，不闻往教”的惯例，选著名儒生前往使节寓所为他们授经。天宝二年（743），唐玄宗令扬州地方官向入朝日本

（唐）阎立本，《步辇图》，藏于故宫博物院，画幅描绘的是唐太宗李世民在宫内接见松赞干布派来的吐蕃使臣禄东赞的情景

日本《东征传绘卷》描绘的遣唐使船只到达唐港口的景象。视觉中国供图

学问僧“每年赐绢二十五匹，四季给时服”。

此后唐德宗、唐宪宗等对日本使臣都以重要宾客相待，遣唐使在唐期间一切费用皆由唐政府承担，士大夫、僧侣也与日本使者们广泛结交。

再回到天宝十二载，在富丽堂皇的麟德殿宴会上，遣唐使藤原清河礼节周到、仪容端正，深得玄宗赏识。宴后玄宗特令秘书监阿倍仲麻吕引藤原清河等人遍观府库所藏的儒释道三教汉文典籍，游览长安城名胜古迹。至此，藤原清河的遣唐使任务基本完成，而就在他准备离开长安之际，另一场告别也在长安城进行着。

国子监

那是由一群文人雅客在长安城举办的告别宴。席间诗人王维举杯长歌道：“积水不可极，安知沧海东。九州何处远，万里若乘空。向国唯看日，归帆但信风。鳌身映天黑，鱼眼射波红。乡树扶桑外，主人孤岛中。别离方异域，音信若为通。”

众人送行的是一名50多岁的长者，此时他回赠一首：“衔命将辞国，非才忝侍臣。天中恋明主，海外忆慈亲。伏奏违金阙，骓骖去玉津。蓬莱乡路远，若木故园林。西望怀恩日，东归感义辰。平生一宝剑，留赠结交人。”

这首《衔命还国作》后来收录在宋代编辑的诗文集《文苑英华》里，也是《文苑英华》中唯一一首外国人的作品。这位长者正是阿倍仲麻吕，此时他要离开自己生活了 37 年的长安，回到故乡日本。

日本遣唐使团每次入唐，随同的还有众多留学生和学问僧。遣唐使朝见任务结束后回日本，而留学生和学问僧则会留在唐继续学习。下次遣唐使团来朝，按照惯例会向唐政府申请带回已在唐学习期满的留学生、学问僧。藤原清河离开时，唐玄宗特别准许阿倍仲麻吕归国之请，钦命其为唐朝回访日本使节团成员，护送藤原清河一行返回日本。

实际上“留学生”一词就是在日本遣唐使时代创造的。为了吸取中国先进文化，日本政府定期派出遣唐使到长安，但由于遣唐使是外交使节，不能在唐停留时间过长，所以日本政府从第二次遣唐使团开始，每次会同时派来十至三十名留学生和学问僧，前者学习中国文化知识，后者研习佛教教义，终唐一代，不过两三百人，却对日本有着深远影响。

如今日本京都，建筑式样几乎与唐长安城一样，也有“朱雀大街”和“东市”、“西市”，这些都是留学生和学问僧的功劳。开元五年（717），20 岁的阿倍仲麻吕第一次入唐时，就是以留学生身份随第九次遣唐使团来到长安的，同行的留学生还有吉备真备和玄昉。

唐政府对留学生给予优待，补助日常生活费用，四季发放被服，允许他们在国子监太学、四门学等一流机构读书。但留学生之所以不能多派，据学者胡锡年的研究，主要因为唐接受留学生的机构国子监有名额限制。

据《资治通鉴》记载，从贞观十四年（640）开始，长安国子监增筑学舍并增加学员，“于是四方学者云集京师，乃至高丽、百济、新罗、高昌、吐蕃诸酋长亦遣子弟请入国学，圣堂讲筵者至八千余人”。

和各国留学生一样，当时入长安求学的阿倍仲麻吕先到鸿胪寺登记注册学籍建立档案，再由礼部接洽入学。长安皇城城墙南边，与太庙仅一街之隔，便是唐朝的最高学府国子监，下设六学馆，以学习儒家经典为主培养通才，大部分外国贵族子弟和留学生都会进入供五品以上官僚子弟就读的太学学习。

据王谠《唐语林》记载，“太学诸生三千员，新罗、日本诸国，皆遣子入朝受业”。在国子监学习的学生，一切学费、食宿费用均由唐政府提供，外国留学生也无例外，并与唐本土学生一起学习生活。

国子监大部分学馆的修业年限为九年，九年后学生参加毕业考试。毕业考试是学生们取得科举考试资格的一种模拟考试，监司从考试合格者中挑选出两三百人推荐到尚书省，与乡贡一同接受礼部考试。顺利毕业的留学生则可参加特设的“宾贡进士”科举考试，及第者可以在唐为官。早年阿倍仲麻吕就是在太学学习了九年后，参加宾贡科举而考中进士，得到吏部奖掖，授校书郎。

一名精通唐文化的外国人，受命于朝廷，一时被传为佳话。唐玄宗特地召见了阿倍仲麻吕，并赐汉名“朝衡”，后来他深得赏识，多次升迁，官至三品秘书监。酷爱诗歌的他还在长安广交朋友，诗人王维、李白、储光羲、赵骅等都是他的朋友。

天宝年间李白入长安为官，两人由此结识，阿倍仲麻吕曾经送给李白一件日本裘，李白很受感动。而储光羲对阿倍仲麻吕也十分赞赏，曾写诗《洛中贻朝校书衡，朝即日本人也》相赠，储光羲的诗名在当时也因阿倍仲麻吕而远播于东瀛，并被供奉于日本京都的诗仙祠中。

但唐玄宗的器重后来也为阿倍仲麻吕带来苦恼。开元二十一年（733），他就曾请求随第十次遣唐使团回日本，被玄宗拒绝。待到天宝十二载藤原清河第十一次率遣唐使团入长安时，他再次上表请求回国，玄宗终准奏。

日本《延历僧录》还收录了唐玄宗的赠别御诗：“日下非殊俗，天中嘉会朝。念余怀义远，矜尔畏途遥。涨海宽秋月，归帆驶夕飙。因惊彼君子，王化远昭昭。”那年六月，阿倍仲麻吕随藤原清河遣唐使团一行离开长安回日，经过扬州时探望了因五次东渡失败而双目失

（12 世纪）《吉备大臣入唐绘卷》，藏于波士顿美术馆，楼阁中穿黑衣者便是两次入唐的吉备真备。FOTOE 供图

明的鉴真大师。

藤原清河最终决定带上鉴真大师共同登船东渡，怎奈船行至冲绳附近遭遇暴风，鉴真大师所乘第二船东渡成功，而藤原清河与阿倍仲麻吕所乘第一船则一路漂流到了今越南海岸。他们侥幸躲过当地土著劫杀，辗转回到长安，又在肃宗、代宗朝任职，最后双双客死长安，埋骨大唐……

留学生和学问僧的更大贡献在于将大量汉文书籍传入日本。当年和阿倍仲麻吕共同入长安的留学生吉备真备在唐生活 17 年后回国，从副校长一路升迁至右大臣。他先后作为留学生和遣唐使，两次从长安带回大量汉文典籍。其中，《唐礼》对日本朝廷在礼仪上的改革影响巨大，《大衍历经》促进了日本立法改革，《乐书要录》则是首次向日本介绍中国的音乐理论，为确立日本音律做出贡献，后来这部十卷乐书在中国散佚，如今只有日本保存该书的五、六、七卷。

被誉为“入唐八大家”的学问僧们带回日本的汉文书籍总共有

陈凯歌电影《妖猫传》中的空海形象

两万卷以上。“入唐八大家”其中之一的空海，贞元二十年（804）随第十七次遣唐使来唐，在长安生活两年后回国，带走佛教经典 216 部 461 卷，后来他在日本创立佛教真言宗，开办日本历史上第一所民间综合性学校，主持编成了日本最早的汉字辞书《篆隶万象名义》。日本延历年间，弘文院藏内外经书数千卷，冷泉院失火后统计保留下来的汉籍仍有 16790 卷。

大量回国的遣唐使、留学生和学问僧将他们学习、了解到的唐文化与典章制度传播到各国，因此王维以“虚往实归”四字来形容遣唐使团的收获。但遗憾的是尽管外国使团是阎立本和阎立德等宫廷画家笔下流行的主题，但存世画作极少，以至如今展现各国使团的图像资料并不多，而另一类人则成为唐代外国人的最典型形象。

西市

从春明门入长安城后，脚下这条横跨东西的笔直大道不仅直达皇城的三省六部，也与东西两市相连。两市分别位于中轴线朱雀大街东西，分工明确，西市是唐全国外贸商品最大的聚集地，而东市是全国内销商品最大的集中地。龙朔三年（663），朝廷改在大明宫听政，朱雀大街以东成为公卿官员居住地区，西市则成为外国商贾云集的地方，由于唐政府严禁百官入市，因此西市逐渐比东市热闹起来。

宋敏求《长安志》里说西市的周围住着很多来自居康、波斯、大食的商人，附近袄教、景教的寺院也不少，这里成为长安城外国人聚居的主要地点。台湾学者谢海平在《唐代留华外国人生活考述》中这样形容当时的西市众生相："有深为帝王礼敬、造延年药之天竺方士，有犯禁屠宰、止雨不成之胡僧，有于昆明池畔结坛祈雨之西域僧。群蕃或于街中打球，以诱帝王注目；或追逐华人，以逐求宝之志；或对御府奏胡乐以助兴；或于市场弹琵琶而争长短。"

当时在西市经商的外国商人被统称为"西市胡"，或者"胡商"。专门研究唐朝胡商的历史学者葛承雍说，其实唐代所谓"胡"的概念极为广泛，不仅用来称呼突厥、回纥、奚、契丹等北狄，也用来称呼今新疆各部族及粟特、波斯、大食的西域人，把印度人也叫"胡"，此外蒙古、土耳其、伊朗乃至闪族人，也都是胡人。

按照当时的情况，波斯商人多走水路，在广州番禺港将货物运上岸，再将货物运至江都（今扬州）销售，而粟特人则走陆路丝绸之路，通过驼队将货物运至长安，因此西市的“胡商”多指粟特人。至此高鼻深目的西域胡商成为唐代外国人的最典型形象，留在如今我们能够见到的存世绘画、墓葬壁画和陶俑上。

实际上最早大批西域胡人移居唐的原因并不是贸易。贞观四年（630），唐打败东突厥，15 万突厥人南下归附，入居长安的有近万家。据《长安志》记载，当时长安、万年两县人口总共八万余户，而唐初仅此一次入居长安的突厥人就近万户，约占全城居民人数的八分之一。武周天授元年（690），西突厥可汗斛瑟罗率残部六七万人徙居内地，斛瑟罗死于长安，此后西域胡人入境居留络绎不绝。

除了避难移民，利益也驱使西域胡人来到“胡姆丹”（长安城的胡名）。早在贞观元年（627），唐政府便开放关禁：“使公私往来，道路无壅，etc宝交易，中外匪殊。”贞观四年，唐太宗又下诏：“听其商贾往来，与边民交市。”此后丝绸之路使西域诸国的商旅源源不断进入河西和长安，海上商船也络绎不绝到达中国南部沿海城市。

唐对通商贸易非常重视，不仅在中亚一带驻扎军队保护商旅，并且收取的商税很低，而粟特胡商取得过关公文便可不受限制进入内地。葛承雍认为最早胡商带来的货物并不是茶叶，陆路艰辛，加之驼队运输能力有限，胡商只会带来价值高、体积小的珠宝等奢侈品，因此《广异记》《宣室志》《太平广记》等文献中才会有不少胡商“剖股藏珠”和“贱身贵珠”的传说，在这些故事中胡商把自己大腿割开，将珠宝藏入腿中缝好，直至安全运送到目的地，才将珠宝从腿中取出。

实际上奢侈品成了当时丝绸之路繁荣的源泉。无论唐的城市居民，还是贵族富有阶层，都对进口的高档奢侈品有着极大的兴趣，他们会把只知道唐本土事物的人看作乡巴佬。当时从宫廷到民间，每年妇女需要使用的胭脂香粉和胡粉等化妆品用量大到惊人，而从波斯、印度输入的鍮石工艺品则成为朝廷达官贵人追求的时髦装饰，士大夫的鍮石袍带成为等级身份的标志。

甚至朝廷也“盛言胡中多诸宝物”，不时派遣或委托胡商寻觅异域奇珍异宝。此种气氛不仅推动长安城西市金银器、紫晶、宝骨、冰蚕丝锦、玻璃珠、象牙、宝镜、香料药材、貂皮裘毛等奢侈品的热销，也吸引了更多胡商移居长安。

唐政府也对长安许多以经商致富闻名的胡商特殊照顾，每年冬天给“蕃客”供应三个月柴薪取暖。开元二十五年（737），唐政府出台专门的外国移民政策：“化外人归朝者，所在州镇给衣食，具状送省奏闻，化外人于宽乡附贯安置。”并免去移民三年至十年赋税，这些政策都更加促成粟特、新罗、大食、波斯移民社区的形成。

此外唐政府对外国侨民在唐领土上发生的纠纷也有专门的法律规

定：凡是外国人，同一国家侨民之间的案件，唐政府尊重当事人所在国的法律制度和风俗习惯，根据他们的法律风俗断案，享有一定的自治权；而对于不同国家侨民在唐境内发生的案件，则按唐法律断案，法律地位与汉人完全平等，没有特别的治外法权。

这些开放政策促使胡人在唐买田买宅，娶妻生子。后来唐政府规定移民子女不可再保留外国人身份，须纳入编户齐民制，但这一政策实际执行不力。至于长安胡人人口，如今历史学界则分为五万说、三万说和两万说。

唐政府对商业的态度始终是矛盾的。统治者既视商贾为“贱类”，以工商为末利，禁止官员入市，又极大地给予胡商方便，更依靠进口奢侈品满足自己的物质生活享受。与此同时，胡商们则有着完全相反的财富观，他们“好面子”，喜欢炫富。

《太平广记》就写道，按照“胡客法”，胡商每年举行一次赛宝、斗宝的大会，所有胡商皆带上自己兴贩的珍宝陈列，宝物多者被拥戴坐上宝床，其余分别排座次、定地位，坐宝床者拿出尺寸最大的明珠以镇服四周，胡商皆起立稽首礼拜，表示敬佩。唐代画家阎立本就创作过一幅《异园斗宝图》，可惜散佚了。而《安禄山事迹》也曾记载安禄山在幽州担任范阳、平卢两节度使时，举办过斗宝大会，坐在宝床上列出自己的珍宝。

汉胡两族财富观的冲突在中唐以后更加明显。西市回纥商人向汉人发放高利贷，后来由于物价上涨，许多汉商和官员将自己的土地、财产、奴隶甚至文物或传家宝抵押给回纥人，借贷不还更致使“蕃客停滞市易”，引起严重的社会矛盾。胡商起诉借贷久而不还者，迫使朝廷下诏禁止长安城内蕃客胡商举贷，也有的官僚子弟因借钱不还而被贬官。

尽管如此，胡商财富的累积还是直接推动了唐商业乃至金融业的发展。银行的雏形“柜坊”和原始汇票“飞钱”首先在西市兴起，以适应大商人、大交易，公私“便换”出现，推动城市间商业贸易。卢肇在《逸史》中描写有人到胡商开设的波斯邸取钱，一次性就取了两万贯作为周转资金。

其实商业贸易只是胡人对唐影响的一部分，更大的影响在于文化层面，汉人追求外来物品的风气也已经渗透到了唐社会各个层面。

胡风

中唐之后，京城长安胡风极盛。

姚汝能在《安禄山事迹》中说，天宝年间，男人戴豹皮帽，女人则穿波斯风格的窄袖紧身服，配以百褶裙，长披巾从颈部披下来，甚

（唐）彩绘胡装女立俑，藏于陕西历史博物馆，这件胡服女俑是唐代妇女崇尚胡服的真实写照

至女人们的发型和化妆同样流行西域风格。有意思的是，当时丝绸之路上的经济重镇凉州以吸收外来风尚闻名，城中男女全穿胡服，而吐蕃统治下的敦煌百姓却在保持祖国纯正风俗的政策下保留着汉服。

唐朝贵族甚至开始在城市里搭起帐篷。诗人白居易就曾在自己的庭园里搭了两顶天蓝色的帐篷，在其中接待宾客，并向他们得意地解释帐篷的好处，可以免受冬季寒风之苦。唐太宗的儿子李承乾同样在皇宫的空地上搭了一顶帐篷，在帐篷里用刀割着煮熟的羊肉吃，甚至有意说胡语而不说汉语，受到朝中大臣集体抵制。

外来食品更容易流行。撒着芝麻的蒸饼和煎饼被称为“胡饼”，在当时极受欢迎。而“千金碎香饼子”“婆罗门轻高面”等则使用了各种西域香料。沿着长安城东面城墙，从春明门往南走，会有一片胡人开的酒馆。按照诗人岑参《青门歌送东台张判官》的说法，如果长安人当时有朋友要辞别远行，这些酒馆就是为友饯行的最好去处。

在酒馆里，老板娘会把浓妆艳抹的胡姬叫到客人身边，让她们把京城名酒“西市腔”、“郎官清”，甚至波斯名酒“诃梨勒”斟满玛瑙或琥珀杯，在宴席上与客人们周旋往来。

幸好李白当年写下诸多诗句，让我们如今依然有机会感受胡姬酒后映出酡红的朱颜。“春风东来忽相过，金尊渌酒生微波。落花纷纷稍觉多，美人欲醉朱颜酡。……琴奏龙门之绿桐，玉壶美酒清若空。催弦拂柱与君饮，看朱成碧颜始红。胡姬貌如花，当炉笑春风。笑春风，舞罗衣，君今不醉将安归。”

从李白的诗中能看出，酒馆里还会有胡人少年吹箫伴奏，胡姬也会跳胡旋舞助兴。《旧唐书·音乐志》中说胡旋舞是“舞二人，绯袄，锦领袖，绿绫浑裆裤，赤皮靴，白裤帑”，胡人少女用右足支撑起全身重量，左旋右转，作强劲而轻盈的舞姿，“舞急转如风”。

按照《新乐府五十篇》和《南部新书》的记载，最早会跳胡旋舞的胡旋女来到唐是作为康居国的贡品，专供皇家贵族观赏，进贡的胡旋女隶属长安太常寺教坊，除了在慈恩寺、青龙寺两大公共戏场偶尔有胡旋舞演出外，庶人不易有欣赏的机会。只不过后来长安胡风越发兴盛，因此大量胡姬来唐，其中跳胡旋舞的人也越发多了起来。

胡旋舞不仅女子会跳，胡人男子也会跳，《安禄山事迹》和《旧唐书》中都可以看到安禄山在唐玄宗御前“作胡旋舞”的纪事。他虽是生长在唐朝东北境的杂胡，但那里同样胡商往来众多。

胡人音乐和歌舞甚至成为当时唐中期的主流品位，唐玄宗和杨贵

壁画中的胡旋女形象。视觉中国供图

妃就非常喜爱胡旋舞，他们最喜欢的一首歌曲也改编自中亚音乐。当然一些人对这种新观念痛心疾首，诗人元稹写道："自从胡骑起烟尘，毛毳腥膻满咸洛。女为胡妇学胡妆，伎进胡音务胡乐。"诗中他用长安的旧称咸阳来指长安，也是在怀念满是胡人之前的京城。

更著名的是白居易的《胡旋女》："胡旋女，胡旋女，心应弦，手应鼓。弦鼓一声双袖举，回雪飘飖转蓬舞。……禄山胡旋迷君眼，兵过黄河疑未反。贵妃胡旋惑君心，死弃马嵬念更深。从兹地轴天维转，五十年来制不禁。胡旋女，莫空舞，数唱此歌悟明主。"按诗中所言，对唐最大的威胁是唐朝廷自己在边疆的外族军队。

外国人在大唐为官已经成为很普遍的事情。除了在唐 50 年的阿倍仲麻吕达到了安南都护的极高职位外，从中央政府到地方州县，都有外国人或异族担任官职。包含长安城的行政区京畿道委任的 715 人次刺史中，异族人有 76 人次，超过总人数的十分之一，其中尚不包括早已同化者。安国人安附国一家三代在唐朝做官，康国商人康谦，高丽人高仙芝、王毛仲，龟兹人白孝德，波斯人李元谅、李素，越南人姜公辅等人都在长安任过高官。

外国人当武将更多，被称为“蕃将”。太宗时期突厥人阿史那社尔官拜左骑卫大将军，太宗封他为驸马都尉，武则天时波斯人阿罗憾入朝相拜，被封金城郡开国公。尤其是到了唐玄宗在位时期，军事扩张让唐从朝鲜至伊朗节节胜利，为了更加发挥军队在边疆的作战能力，将权交于职业军人集中指挥，尤其是边疆外族军人。

开元年间，唐边疆十大军区，拥有 32 名蕃将。特别是在李林甫任宰相之后，边境军队多在胡人节度使的管辖之下。蕃将安禄山便是在这样的背景下不断掌握军权，755 年安史之乱爆发，安禄山率部队攻破洛阳和长安。尽管后来在藏人和回纥人的协助下新帝唐肃宗收复两都，但长安城内人心已经发生了改变。

在安史之乱 50 年后，唐人的精神生活发生了巨大转折，民族失败的阴影使得整个社会对过去的开放性对外政策进行反思，这才有了陈鸿《东城老父传》这句质问：“今北胡与京师难处，娶妻生子长安中，少年有胡心矣。吾子视首饰靴服之制，不与向同，得非物妖乎？”

人们认为，玄宗对外籍节度使采取过于宽容的态度，才致使帝国几乎倾覆。从事劫掠的吐蕃人夺取皇家马场的马匹，并随后在甘肃各城镇驻扎下来，回纥人垄断马匹交易，从中获取暴利，更在长安发放高利贷。

大城市中外国商人的富裕形象更引起仇外反应，这种反应在暴乱中表现得更加明显。760 年田神功率领暴动队伍，在扬州杀死几千名阿拉伯商人和波斯商人。一个世纪后，黄巢军于 879 年在广州攻击的也是外国商人。

此前，有着西域胡人血统的混血贵族长期在唐朝廷掌权，而此时通过中举出仕的汉族文人学士则逐渐获得权力，法国汉学家谢和耐将这一时期归为“民族主义”回潮。“古文”运动和反佛教高压政策随后出现，由此人们开始维护汉的正统，这也是宋代汉文化复兴的最初引线。

参考资料：

石田干之助．长安之春．北京：清华大学出版社，2015.
爱德华·谢弗．唐代的外来文明．吴玉贵，译．北京：中国社会科学出版社，1995.
韩养民．遣唐使在长安．西安：陕西人民教育出版社，2017.
向达．唐代长安与西域文明．北京：生活·读书·新知三联书店，1957.
谢和耐．中国社会史．耿昇，译．南京：江苏人民出版社，1995.

正仓院唐物记[①]

正仓院始建于8世纪后半叶，位于日本奈良市东大寺大佛殿西北面，是用来保管寺内财宝的仓库。在奈良和平安时代，中央和地方的官厅及寺院里，都会专门设置这样一个放置重要物品的仓库，称为“正仓”。几个正仓集中在一起被称为“正仓院”。

奈良正仓院是世界文化遗产“古奈良的历史遗迹”的一部分，院中的陈列物以圣武天皇的遗物为基础构成。这位天皇笃信佛教，特别热爱大唐文化，渴望将当时日本的首都平城京（今奈良西郊）打造成一个如长安城般繁盛的政治、文化中心。他派遣了大量遣唐使、学问僧至中国，带回丰富的唐朝宝物，并命人对其工艺进行仿制。他去世后，光明皇太后将他遗爱之物先后五次呈献给东大寺并捐献目录。因为是皇室所属，这些宝物的规格极高，工艺也极为精美。

---

① 本文作者为郑院鸳。

除了圣武天皇旧藏之外，正仓院珍藏还包括了皇室陆续的捐赠、重臣比丘等进献的宝物，以及亚洲各地来的宝物。其主要有三种来源：一为唐代传入日本的中华精致文物；二为经由中国传入日本的西域文物；三为奈良时代日本模仿中华文物所做或所创造之物。这些收藏品数量大、种类多，包括衣物、乐器、家具、兵器、佛具等各种宝物约 9000 多件。宝物不能随意开封，一直处于严密的保护状态。同时，宝库处在一个稍高的地方，地板离地面非常高，避免了湿气侵蚀和虫害。在这样的环境下，极度脆弱、在其他环境下难以久藏的材质也可得到比较完好的承存。

正仓院保留了迄今为止种类最丰富、最全面且最有价值的唐朝艺术品。20 世纪 30 年代，中国学者傅芸子曾多次进入正仓院，发出这样的感叹："吾尝谓苟能置身正仓院一观所藏各物，直不啻身在盛唐之世！"（《正仓院考古记》，上海书画出版社，2014 年）

正仓院每年只在 10—11 月间最干燥凉爽的两周内，曝晾藏品，并挑选 60 件左右，由奈良国立博物馆主持"正仓院展"。

螺钿紫檀五弦琵琶

目前所见唯一的唐代五弦实物，编号"北仓 29"，据记载为唐时

紫檀五弦琵琶，藏于日本正仓院

赠予日本圣武天皇，756 年天皇逝去，献给奈良东大寺。五弦琵琶在宋朝就失传了，近 1000 年以来人们没见过也没有听过，直到正仓院的这件藏品被公之于世。

螺钿紫檀五弦琵琶全长 108.5 厘米，腹宽 31 厘米。通体采用紫檀木制成，直项，琴轸分列琴头两侧，左三右二；琴面通身镶嵌螺钿，并嵌螺钿骑驼人抚弹琵琶图，腹面杆拨处还贴以玳瑁薄片。所谓“螺钿”，是指用螺壳与海贝磨制成人物、花鸟、几何图形或文字等薄片，根据画面需要镶嵌在器物表面的装饰工艺。此琵琶的背面底色是黑色髹漆，上面镶嵌着无数螺钿玳瑁夜光贝壳，贝壳上都雕有精巧花纹。

螺钿紫檀阮咸

阮咸为中国汉代开始出现的一种直项琵琶，相传为西晋名士阮咸

螺钿紫檀阮咸全图，藏于日本正仓院

擅长之器，因此唐代武则天时以“阮咸”命名，并发展为十三品位。今简称“阮”。

此琴长 100.5 厘米，琴箱面径 38.7 厘米，厚 3.5 厘米，四弦十四柱。琴体用紫檀木制作，嵌以螺钿、玳瑁、琥珀等饰物，背板上为螺钿镶嵌出的一对飞翔的鹦鹉，口中衔着长长的彩色珠链。此乐器国内现已失传。

金银平脱琴

此琴长 114 厘米，肩宽 20 厘米，据日本文献记载，入藏正仓院已逾千载，于唐开元二十三年（735）制作。表面呈紫色，平脱花纹，正面项部为锦纹方格，内有三人，分别作弹阮、抚琴、饮酒状，周有树竹及飞天，空廓处以花草、禽鸟、云气填补。方格之下，有缠藤一株，藤下左右各坐一人，一饮酒，一抚琴，均为金嵌。四徽以下，嵌水纹以及人物、花草、禽鸟。琴背面的李尤《琴铭》，龙池、凤沼两侧对称的龙凤纹，均为银嵌。琴腹内题“乙亥之年（公元 735 年）季

金银平脱琴全身，藏于日本正仓院

金银平脱琴头部纹样

春造”字样。

这是中国的七弦琴，有中国传统的金银平脱工艺装饰。金银平脱是一种将髹漆与金属镶嵌相结合的工艺技术，是我国古代著名的器物装饰技法。方法是在木器表面用金银箔片镶嵌成花纹图案，再纹漆而成。此琴制作精美，纹饰细腻，古意盎然，是唐代金银平脱器中的佼佼者。虽然文献中说它在唐代极为兴盛，但今天能看到的遗物绝少。

金银钿唐大刀（镀金银刀）

这件大刀收藏于正仓院北仓，全长99.9厘米（刀柄长18.5厘米，鞘长81.5厘米，刀身长78.2厘米）。一般认为这柄刀就是《东大寺献物帐》中所记载的“金银钿庄唐大刀”。《东大寺献物帐》的原文记载如下：金银钿庄唐大刀一口，刃长二尺六寸四分，锋者两刃，鲛皮把作山形，葛形裁文，鞘上末金镂作，白皮悬，紫皮带执。

刀鞘以黑漆为地，表面用金粉和漆制成动物纹和云气纹。纹饰方面最为突出的便是“金银钿庄”和“葛形裁文”，即刀上的金属和宝石饰件。根据日本研究者对实物的考察，刀鞘和刀柄上的金属饰物为银镀金，透雕成“唐草纹”，非常华丽。唐草纹，或称为忍冬纹、缠枝纹，一般认为自西方传入中国。具体到金银钿庄唐大刀的刀鞘上的纹饰，则更像所谓“对波纹”，即两茎蔓草对开对合如波浪状，相合处对生细蔓或对称的花叶。刀鞘附耳处的金属箍和鞘尾的金属套上，均采用了这种对称式的纹饰，和唐贞观十三年（639）灵化寺大德智该法师碑上的对波纹十分相似。

金银钿唐大刀，藏于日本正仓院

紫檀棋盘

该棋盘是正仓院家具中的名品。棋局表面贴以紫檀片，嵌以象牙罫线，纵横各 19 道，又镶嵌有精致的花眼 17 个。边侧四面各界四格，其中用染色象牙镶嵌雉雁、狮、象、驼、鹿及胡人骑射、牵驼等形象，华丽细致。对局之两侧设有备金环的抽屉各一，中有机关，一方启闭，对方亦如是。内有木雕鳖龟各一，背容棋子。棋子玉质上绘有鸟形，制作精良。抽屉之下便是上沿作花牙子、下沿有托泥的壸门床座。

紫檀棋盘，藏于日本正仓院

唐尺八

唐尺八，
藏于日本正仓院

该刻雕尺八长 43.7 厘米，管上端开口，管身前面五孔后面一孔。每一按音孔边缘有圆形花纹。制作十分精美，通体雕花纹和仕女像。第一孔上刻有二女，一者俯而摘花，一者立其后做张袖状。后面一孔下有一女立而手执扇，另一女坐弹琵琶。其余部分均饰以花鸟纹。

隋唐之际，日本曾屡派遣隋使和遣唐使来中国，许多中国乐器流传东瀛。据史料记载，尺八这种乐器是南北朝末年至唐初（公元 581—618 年，即日本的奈良时代）传去的，正仓院保存有唐制尺八多种。最早传入日本的尺八仅用于宫廷雅乐，称为“古代尺八”，也常作为达官贵人的玩物，故也叫“雅乐尺八”。

紫檀木画双陆局

紫檀木画双陆局，藏于中仓，172 号，纵 30.6 厘米，横 54.5 厘米，高 17.8 厘米。“双陆”是一种类似赌博的棋戏，南北朝时由西亚、印

紫檀木画双陆局，藏于日本正仓院

紫檀木画双陆局长侧部分

度一带传入中国。双陆棋艺在隋唐时期非常流行。作为博具的“双陆局”，有些像象棋盘，却又不完全相同。此件双陆局呈长方形，盘紫檀木，中有月牙形之“门”各一，左右列十二花眼，即所谓的梁（路数）；南北各有一花眼，均以象牙镶嵌而成。盘架今为黄杨木质，上有花鸟纹样，为后来所修补。

漆胡瓶

瓶高 41.3 厘米，瓶身最大径 18.9 厘米，重 760 克。口有盖，鸡形，即中国所谓天鸡尊形。此瓶以竹为胎，涂漆于上，饰以银平脱鹿雁花草诸纹样。瓶形本出自波斯萨珊朝，传入中国后，又美而化之。

漆胡瓶，藏于日本正仓院

漆胡瓶上的鸟

这件漆胡瓶工艺复杂，先是用一圈一圈的薄板垒成一个波斯胡瓶的形状，再在瓶身上粘贴许多精细的银板，上漆、打磨。这种工艺耗时长、成本高，所做出的工艺品已属奢侈品范围，安史之乱后逐渐失传。

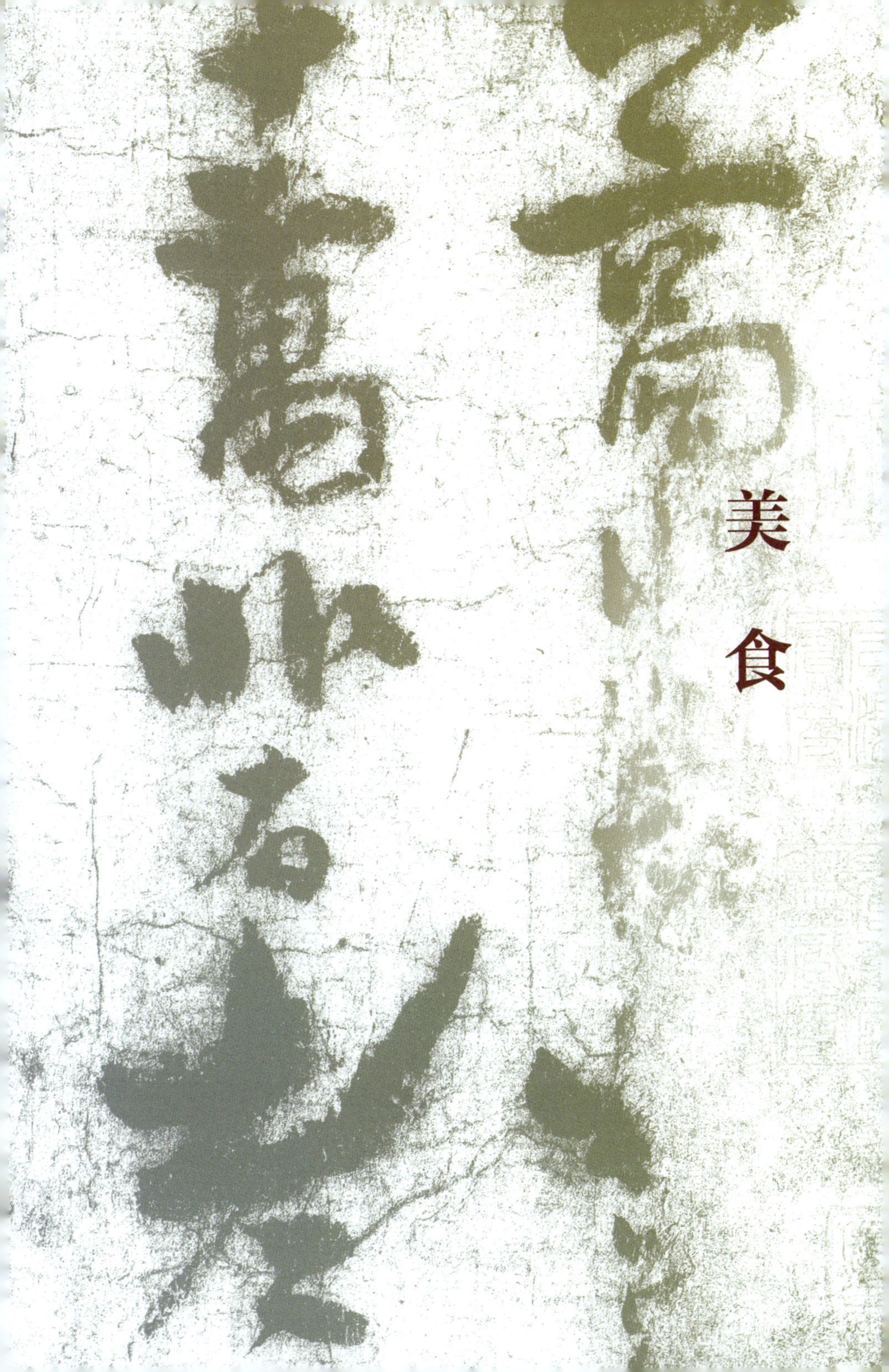

美食

在舌尖飞跃的味道①

穿越回唐朝，在饮食上并不会有太多不适应。为什么这样说？首先，唐朝人的进餐方式和我们今天比较相似。一天三顿饭的习惯，在唐代基本普及；由于民族大融合，少数民族的坐具传入中原，逐渐取代原来跪坐的席子，让人们能够垂腿而坐，有了一个舒适的就餐姿势；进餐习惯，也从一人一案、单独进食的分食制，向众人围坐在一起的会食、合食制转变。于是每人都品尝到的种类也就变得多样，吃饭的场合也更加具有热闹的气氛。

唐朝是一个食材丰富的时代。凭借进贡体系和发达的交通网络，都城长安的帝王或贵族之家能够常年享受来自全国的物产，山东沿海的文蛤、长江流域的糖蟹、安徽北部的糟白鱼、浙江的干生姜、陕西南部的枇杷和樱桃等，都在当时的土贡名单之上。这还

---

① 本文作者为丘濂。

（五代十国）顾闳中（传），《韩熙载夜宴图》，藏于故宫博物院，图中食物仍具有唐代食物的特点

不包括那些从“国外”进口而来的食物：高昌来的马奶葡萄，安南来的槟榔和香蕉，新罗来的松子，摩揭陀来的胡椒等异域珍馐。

唐朝的宴饮活动格外发达。按照季节和主题来，春日里有牡丹宴和樱桃宴；按照节庆来，有除夕宴、寒食清明宴、七夕宴；宴席除了出现在白天，还有晚上的夜宴，至于夜半都不散席。宴席可以在私人的庭院园林举行，也可以在清幽偏僻的野外，又或者是缓缓移动的舟船之上。桨声灯影里，间有红颜佐酒，是唐代士人所热衷的一种高雅活动。

唐朝的餐饮业非常繁荣。随着商品经济的发展，人们在自烹自食的同时，也到外面的食肆酒店去感受新鲜。提供饮食的有流动的摊贩，也有固定的餐馆。有经营单一项目的饼肆、糕肆、馎饦肆，也有提供综合菜品的食店。酒肆和茶肆则以酒和茶为主，饭菜为辅。这些餐饮店铺在市区和城郊都有分布，慢慢打破了长安城里最早规定的“市”的界限。

唐朝人的餐桌上都有什么？对美食爱好者来讲，从主食到甜点，各样门类看过一遍后，你一定会有意外的收获。

主食：饼的千姿百态

一天的吃食，始于早餐。如果要在长安城里寻觅早餐，主角就应该是“饼”了。宋代笔记小说《类说》里，讲了一则关于吃饼的趣事：刘禹锡的一位伯父所住的巷子门口有个卖饼的，“早过户必闻讴歌当炉”，也就是早晨路过时都能听到他在唱歌。伯父看他可怜，就给了他一万文钱，让他好扩大经营，回报方式则是“取胡饼偿之”——每天可以免费向他索要胡饼。结果之后伯父路过店铺，再也听不到歌声了。对方回答：“本流既大，心计转粗，不暇唱矣。”他说的是，本钱多了，就要多花些心思，没时间唱歌了。这个故事里就包含了几个重要的信息：卖饼的一大清早就会开始营业，他所卖的饼叫作“胡饼”。

胡饼是什么？字面上来看，它是从西域传入的一种饼。它可以是芝麻油胡饼，在烤炉里烤制而成，就像诗人白居易在《寄胡饼与杨万州》中说“胡麻饼样学京都，面脆油香新出炉”；它也可以是蒸熟的，皮日休在《初夏即寄鲁望》一诗中写“胡饼蒸甚熟”就是证明；它的面积可以是极大的，比如 1969 年在新疆吐鲁番一处唐代墓葬中就发现一枚直径19.5厘米的面饼，推测就是当时流行的一种大型胡饼；它还可以中间夹着肉馅，《唐语林》中就记载了一种叫“古楼子”的肉馅胡饼，具体做法是“起羊肉一斤，层布于巨胡饼，隔中以椒豉，润以酥，入炉迫之，候肉半熟食之”。

胡饼算是唐朝时十分风靡的一种饼类。日本僧人圆仁在长安学习时，记录了唐文宗在会昌元年给寺院僧侣“胡饼、寺粥”的赏赐，并说“时行胡饼，俗家亦然”。胡饼不仅适合普通人，就连官员也禁不住诱惑——唐代笔记小说《刘宾客嘉话录》中就说，宰相刘晏“五鼓（相当于凌晨三点到五点间）入朝，时寒，中路见卖蒸胡处，热气腾辉，以袍袖包裙帽底啖之，谓同列曰：美不可言，美不可言”。

胡饼也不局限于早餐，三餐都可以食用：司马光在《资治通鉴》中写，安史之乱时，唐玄宗逃离国都长安，“日向中，上犹未食，杨国忠自市胡饼以献”。胡饼做得好，还能够加官晋爵。一位叫作张桂的小贩，由于经营的胡麻饼远近闻名，后来被封为三台令。但胡饼商人的地位还是低下，会受到豪强权贵的欺侮。宋代《太平广记》中讲，一个东平尉李麐在当官之后，返回故城，看到“店中有故人卖胡饼为业，其妻姓郑，有美色。李目而悦之，因宿其舍。留连数日，乃以十五千转索胡妇”。

唐代饼的概念，和今天的饼并不完全相同。学者王赛时在《唐代饮食》中讲道，北朝以前“饼”是除了面糊以外，各种成型面食的统称。而到了唐朝，饼则根据加工方法、形状、有无包馅料等出现了几十种称谓。胡饼之外，还有蒸饼、煎饼、曼头饼、薄叶饼、喘饼、浑沌饼、夹饼、水溲饼、截饼、烧饼、汤饼、索饼、鸣牙饼、糖脆饼、二仪饼、石敖饼等。唐代笔记小说《因话录》因此对唐人的饮食习惯有了“世重饼啖”的总结。饼食的流行，说明了小麦已经取代粟米而成为唐朝的大宗作物。粟米就是小米，在此时，粟米变得越发小众，是北方山村人、僧人的主要吃食，或是官员表明自己想要践行廉政的一种象征。

除了胡饼，汤饼也是一种主流食物，它是今天面条的前身。索饼、水溲饼、馎饦等不同称谓，说的都是汤饼，就是其中面的形态不太一样。馎饦就是面片汤，里面是较短较宽的面。北朝《齐民要术》中说，“馎饦，挼（揉搓）如大指许，二寸一断”。唐代就延续了这种做法。汤饼中配菜和汤也很重要。

唐代《食医心鉴》中记载有姜汁索饼、羊肉索饼、黄雌鸡索饼、榆白皮索饼，这些不仅美味，还有着一定的滋补效果。和汤饼相对的是一种干拌的凉面，唐朝时叫作“冷淘”。《唐六典》中写光禄寺供应百官膳食：“冬月则加造汤饼……夏月加冷淘。”

杜甫有一首诗就叫作《槐叶冷淘》，讲的是一种特殊的用槐树叶的汁来和面再做成凉面的工艺。“碧鲜俱照箸，香饭兼苞芦”——冷淘鲜艳碧绿的颜色映照着筷箸，配上新鲜的芦笋鲜美无比。在闷热的夏日，这青翠欲滴的颜色，以及“经齿冷于雪”的口感无疑让人食欲大增，难怪是“君王纳凉晚，此味亦时须”。

肉类：羊肉为大

就像今天的市面上有单一的面馆，也有综合性餐厅，唐朝时既有专门的饼肆，也有无所不卖的食肆。成书于五代至北宋的《清异录》中，提到了长安城里有位“张手美家”，“水产陆贩，随需而供，每节则专卖一物，遍京辐辏”。并且有的食肆在堂食之外，还可以为客户筹办宴席。《唐国史补》中讲一名叫吴凑的官员升迁为京兆尹。赴任之前，吴府要为他摆宴庆贺，可是时间紧迫，只有很短的时间准备。结果亲友到场，大家都对宴席丰富的菜肴感到满意，不由好奇地问管家，何以如此神速？管家回复：“两市日有礼席，举铛釜而取之，故三五百人之馔，可立办也。”可见食肆筹备之迅速，置办三五百人的食物，不在话下。

在一家实力雄厚的食肆点餐，荤类“硬菜”是不能错过的。和现在猪肉消费量最大的情况有所不同，唐朝人食用最多的是羊肉。为什么羊肉在唐代成为大宗？按照学者惠媛所考证，秦汉时期猪肉在日常食用中还占据主要地位，到了魏晋之后，由于草原民族入主中原，情况才发生改变。

北魏统治时期，羊肉供应就逐渐成为六畜之首，《齐民要术》这本书中也介绍了不少羊肉的吃法，结合了游牧民族制作方式和汉族的饮食习惯，羊肉食用向着更精细的方向发展。

到了唐代，羊肉成为一种从皇宫贵族到普通老百姓都喜爱食用的肉类。根据《资治通鉴》记载，唐太宗的长子李承乾热衷于突厥文化。他说得一口流利的突厥语，经常身着突厥服饰，还设计了一个穹庐状的帐篷，在里面用佩刀割下来烹熟的羊肉大嚼大吃。

《清异录》中说武则天爱吃“冷修羊”，这样的羊肉类似今天的白切羊肉，是将羊肉加香料煮熟，趁热时去骨，将肉块压平，吃时再切薄片。在赐张昌宗冷修羊手札中，武则天说“珍郎杀身以奉国”，“珍郎”指的就是羊，足以见得她对羊的喜爱之情。

《同昌公主传》中写唐懿宗的女儿同昌公主在下嫁时，赏赐给身边人一种叫作“灵消炙”的羊肉珍品，是从一头羊身上取四两肉做成的。它能“历经暑毒，终不臭败”，估计是用腌制、烘干一类的制作方式。唐朝宫廷御厨每日羊肉的消费量虽然没有准确数字，但在《册府元龟》这本书中写后唐小朝廷每天用羊是 200 头，盛唐时，宫廷每日的羊肉消耗就更大了。

老百姓对于羊肉的消费虽然远远赶不上皇宫贵族，但从文献中也不难看到踪影。学者惠媛统计了《太平广记》中羊肉出现的频率，从吃羊、贩羊、屠羊、养羊、礼事可以看出羊肉消费渗透在社会生活的方方面面。普通人没办法做到天天吃羊肉，不过逢年过节，或是需要庆祝的场合，羊肉都是最佳选择。《太平广记》就提到了小孩满月时亲族聚会就要杀羊，春节家中也会备羊。此时，吃羊肉不仅是北方人的习惯，也蔓延到了南方。《太平广记》的另外一篇说，几位道士在冬天下雪的夜晚，憧憬着能够边吃羊肉边喝酒，“有肥羜美酝之羡”。这时一个在道观常住的丁秀才就自告奋勇去取肉和酒。后来，丁秀才提着酒和一只熟羊腿归来，他告诉大家，羊腿是从一位浙江官员家的厨房里获得的。大家一开始比较惊讶，但后来饮酒欢笑，丁秀才持剑而舞，最后腾跃而去，应该是一位不拘小节的侠客，只留下一只银杯，颇有一些“黄鹤不知何处去”的飘逸之感。

在唐朝一座食肆里，可以吃到哪些羊肉菜肴呢？高级食肆中，菜品的档次并不次于达官贵人的府邸。韦巨源拜尚书仆射后，他向唐中宗进献“烧尾宴”，记录的有 58 道菜肴，8 道是和羊肉相关的。

有意思的是，如今看来并不太能登上大雅之堂的内脏在这样的场合都有着一席之地：“通花软牛肠”是用羊骨髓混合羊肉调成馅料之后再灌进牛肠而成的；“羊皮花丝”则是切成一尺多长的羊胃肚丝。

在文人雅士之间十分盛行的羊肉菜是“过厅羊”。唐代笔记《云仙杂记》中写了一个叫熊翻的文人，每次请客时都会宰羊，接着让宾客挑选一个自己喜欢的部位用彩带来标记，蒸熟之后再端回厅堂各自认领。这样的好处是，每人对羊肉部位的偏好是不同的，“我之蜜糖，彼之砒霜”。

如果是乡野小馆，大概只能吃些农家菜的做法了。《清异录》中就有一些民间的普通做法，多是在重要日子才会准备。好比“回汤武库”，是在冬天腊祭来临前，家家户户搜集羊、猪、牛、鱼、鸽、兔、鹅来做成的汤面，其中肉类的品种越多就越好，类似腊八粥的思维。还有一种叫作“社零星”，是秋季祭祀土神时的吃食，它是用羊、鸡、猪、鸭、面粉和蔬菜做成的汤羹。唐人对肉类的利用，真是无处不可下肚，想象力丰富，操作也是蔚为大观。

河鲜：生食的痴迷

唐代时，河湖中的野生鱼类资源还很丰富。无论贫穷还是富有，只要居住地附近有水域，就能享受到吃鱼的乐趣。唐诗里不乏对钓鱼者的描写。“时从灞陵下，垂钓往南涧”是诗人王昌龄在讲述自己的爱好；韦应物的“沃野收红稻，长江钓白鱼”是在描绘长江边农人的日常生计；杜荀鹤的“渠将底物为香饵，一度抬竿一个鱼”则着力刻画了一位垂钓的高手。人们对鱼是否鲜活十分看重，所以吴融的诗里有“鱼买罾头活，酒沽船上香”的写法，买鱼一定要买渔网刚打上来还活蹦乱跳的。鱼肉的鲜美人所共知，否则刘禹锡也不会发出“湖鱼香胜肉”的感叹。

唐人吃鱼，有一种“鲙”的吃法。“鲙”是指把鱼肉切成细丝。这种切细的鱼肉多作为生食。今天人们吃生鱼片大多去日本料理的店铺，却不一定知道吃鱼生在中国可追溯到周朝。出土的青铜器“兮甲盘”上的铭文记载，周宣王五年（前823），周师大败猃狁，为了庆祝胜利，大将尹吉甫设宴款待部属张仲等，主菜是“炰鳖脍鲤”，也就是烧甲鱼和生鱼片（鲤鱼）。唐朝时，生食鱼鲙变得极其风靡。如今广东的顺德等地，仍然有非常类似的食用方法。

得到一条新鲜的淡水鱼，唐人首先会考虑能不能做成鱼鲙。唐代的烹饪书《膳夫经手录》中将适合做鲙的鱼进行排序：“鲙莫先于鲫鱼，鳊、鲂、鲷、鲈次之。”鲫鱼的鲜美人所共知，只是刺多，完整食用不方便，倒是切成细丝的同时能够挑尽鱼刺。杜甫的诗句，“鲜鲫银丝鲙，香芹碧涧羹”就是在吟咏鲫鱼做成的鱼鲙了。

鲤鱼不见这本烹饪书提到，大概是因为鲤鱼在唐代是禁止食用的。唐代笔记小说《酉阳杂俎》中解释，这是因为“鲤”和唐朝国姓的“李”同音，所以要求唐朝子民“取得鲤鱼即且放，仍不得吃，号赤鯶公，卖者杖六十”。不过从唐朝的诗歌中来看，这项律令并没有得到贯彻。白居易写“朝盘鲙红鲤，夜烛舞青娥”，唐彦谦写“春盘擘紫虾，冰鲤斫银鲙”，钱起写“带经临府吏，鲙鲤待乡人”，统统是在记录鲙鲤给他们留下的深刻印象。

“鲙”十分讲究刀工。唐人著有《砍鲙书》，后来失传，但能从明朝人对这本书的转述中窥见一二。光是刀法，“有小晃白、大晃白、舞梨花、柳叶缕、对翻蛱蝶、千丈线等名，大都称其运刃之势与所砍细薄之妙也”。又因为是生吃，蘸料就显得重要。《砍鲙书》提到了用“豉醯”，大约是酱油和醋的一种混合。

白居易的《和微之诗》则说“鱼鲙芥酱调，水葵盐豉絮”。另外的《食医心鉴》说“鲫鱼作鲙，蒜齑食之”，也就是要用到捣碎的蒜末。南方人则比较偏向甜口。《隋唐佳话》所引《南部烟花录》记载：“南人鱼鲙，以细缕金橙拌之，号为金齑玉鲙。”

我曾经在顺德吃过一次皖鱼（草鱼）的鱼生。经过了岁月的演变，搭配的调料已经非常多样，总共有八种：花生油、酱油、芝麻、盐、炸花生、炸香芋丝、柠檬叶、葱丝、蒜片、姜丝、酸荞头和指天椒。它们与鱼生搭配在一起，雪白翠绿橙红相间，煞是好看。

唐代有不少痴迷于吃鱼鲙的人。《太平广记》里有一个叫崔洁的人，“遇逢卖鱼甚鲜”，便让随从取钱买鱼，一次就买了鲜鱼十斤。还有一位句容县佐史，大肚能吃，尤其喜欢新鲜鱼鲙，一次就能吃鱼鲙数十斤。

但是，生鱼吃多了，难免身体会出现不适症状。《酉阳杂俎》中讲了这样一个故事：裴胄尚书的儿子忽然生病，其他医生都束手无策。有一个叫作王彦伯的道士诊断的结果是“中无鳃鲤鱼之毒也”。裴胄不相信，让身边的人去吃无鳃鲤鱼片出的生鱼，果然都出现了和儿子同样的症状。而将鱼烹饪之后再食用就降低了不少风险。《砍鲙书》还介绍了一种“泼沸之法”，大意是另外准备调好味道的滚烫汤汁，将它浇在薄如蝉翼的鱼鲙之上，这样鱼肉瞬间就被烫熟了。

鱼鲙在晒干后，还能做成一种干的鱼肉丝。等到吃的时候，再将它放在水中浸泡，假如方法得当，与新鲜鱼鲙的样貌和口感区别不大。《太平广记》中写吴郡献松江鲈鲙六瓶，里面的鲈鱼是“八九月霜下之时，收鲈鱼三尺以下者”制成的。“浸渍讫，布裹沥水尽，散置盘内。取香柔花叶，相间细切，和鲙拨，令调匀。霜后鲈鱼，肉白如雪，不腥，所谓金齑玉鲙，东南之佳味也。紫花碧叶，间以素鲙，亦鲜洁可观。”有了这种干鲙，无论居住是否临近江河湖海，便都能有口福尝鲜了。

（唐）陕西长安县出土的墓室壁画《野宴图》，藏于陕西历史博物馆

蔬菜：不断扩大的品类

要在唐朝找一盘西红柿炒鸡蛋，或是酸辣土豆丝之类今天普通的家常素菜都绝无可能。西红柿、辣椒和土豆大约都是明朝时才传进中国，而“炒”这种烹饪方式在唐代要么还没存在，要么即使有也不算普遍。学者于庚哲分析，北魏《齐民要术》里出现的“熓”字，除了两处可以做“炒”来解释，其他都是“熬”的意思，所以多半唐朝时有“炒”也是一种颇为小众的加工方法。这也和要用到的油相关——植物油在那时还主要用于照明和制作器物。唐朝时的烹饪手段，还是以蒸、煮、熬和烤为主。

不要因此就断定唐代的素菜乏善可陈。正如白居易的诗“旦暮两蔬食，日中一闲眠”所描绘的，谷物与蔬菜结合的一餐，构成了唐代普通人日常的饮食结构。蔬菜可以来自自家菜园，那些山水田园诗中就不乏这样的场景记录：杜甫写“畦蔬绕茅屋，自足媚盘餐”，高适写“耕地桑柘间，地肥菜常熟”，都是自家菜园景色的写照。蔬菜当然还能来自市集。白居易的“晓日提竹篮，家僮买春蔬”就是家里仆人清晨去市集买菜的样子。

唐玄宗最为宠信的宦官高力士在流放黔中时，行至巫州，看见路边荠菜多而无人采摘，还做诗感叹：“两京作斤卖，五溪无人采。夷夏虽额殊，气味终不改。”这样的材料就从侧面说明，在长安和洛阳的菜市上，都有荠菜卖。蔬菜的种类不仅涉及种植的蔬菜，还有野菜。唐代医学家孙思邈在《备急千金药方》的《菜蔬》篇，列出的食用蔬菜超过了 40 种。

较早引入的蔬菜到了唐代，已经得到广泛种植。紫皮茄子原产于印度，在唐朝之前就已经盛行开来，尤其为寺院僧侣所喜爱。《酉阳杂俎》记载，“茄子煮熟者，食之厚肠胃……僧人多炙之，甚美”。

更多的异域蔬菜在唐朝时得到引进，今天依然和我们的饮食生活密不可分。菠菜就是其中一种。《新唐书》记载：“（贞观）二十一年，泥婆罗遣使入献波棱、酢菜、浑提葱。”波棱就是菠菜。相传唐朝穆宗时候的宰相段文昌爱钻研吃喝，他的家厨也厨艺了得，有个“膳祖”的美名。膳祖创造的一道“翡翠冻鸡”就要用到菠菜汁来上色——先将鸡整只煮熟再放入井水里冷却，脱骨取肉。再将羊蹄、猪骨等含有胶质的食材拿来炖汤，混入菠菜汁再和鸡肉拌在一起，放入方盘。待到冷却，就可以切成任意形状上桌。

有的蔬菜在唐朝非常常见，但现在已经难觅踪影。比如像是“葵”。由《诗经·豳风·七月》中有“亨（烹）葵及菽”，可知西周时“葵”就已经种植。唐朝时，人们将它大面积种植，称之为“园葵”。杜甫的诗“水烟通径草，秋露接园葵”，以及李白的诗“野酌劝芳酒，园蔬烹露葵”说的都是它。葵是一种葵属锦葵科的植物，春、秋、冬三个季节都能够种植。从在唐诗中的出现频率来看，人们钟爱的是秋天的葵菜，称作“秋葵”或者“露葵”。

白居易的诗云：“贫厨何所有，炊稻烹秋葵。红粒香复软，绿英滑且肥。”此秋葵非彼秋葵，它并不是今天通常所说的黄秋葵长出来的长长尖尖的蒴果，而是具有宽大的叶片，因为茎叶有黏液的缘故，是种滑嫩的口感，当时会用于汤羹中。到了明代，李时珍在《本草纲目》中说到葵，就已经是：“今人不复食之，亦无种者。”今天在四川、湖北等地偶尔还能见到这种菜，叫作“冬苋菜”。

甜食：走向精致的甜意

甜蜜的滋味总能让生活的幸福感提升，它不用多，却是生活的必备。唐朝人享受甜蜜有这样几个渠道。首先是蜂蜜，据说此时有了一种从氐羌传来的高级蜂蜜；再有就是谷物制成的“麦芽糖”，不过唐人并不认为是上乘，至少各地上贡名单上没有。造成这样情形的重要原因就是蔗糖开始受到追捧了。

甘蔗直接咀嚼或者榨汁，就可以得到甜美的饮料；甘蔗汁晒干，再混入牛乳，则能做成固体状的“石蜜”，有时它还会被做成各种小动物的造型；甘蔗汁还能提炼来做一种颗粒较小的“砂糖”，但是和今天雪白的结晶质的砂糖相去甚远，因为当时的人还没掌握从沸液中有效去除渣滓的工艺。甘蔗能够在四川中部、湖北北部和浙江沿海区域种植，对自然环境有所挑剔，产量不算大。唐太宗曾经把20根甘蔗当作珍贵的礼物，赠送给一位大臣。因此能吃到蔗糖所调味的食物，还是一种难得的体验。

宋朝人写的《杨大真外传》中有一个细节写唐玄宗如何思念已经不在人间的杨贵妃：“张皇后进樱桃、蔗浆，圣皇并不食。”蔗浆是晾晒与熬制后更为浓缩的甘蔗汁。由此可知，春天樱桃上市时，用浓稠的甘蔗汁浇在上面，是一种惯常的搭配。樱桃上还可以再浇乳酪。《齐民要术》里讲到三种奶酪制品：分别是“甜酪”、“酢酪”和“干酪”。

学者孟晖考证，北朝、唐宋时代文字中提到的酪，多是甜酪，是半固态、凝冻状的，类似于现在酸奶的质地。可以想象，以乳酪、蔗浆来拌上樱桃，酸甜而冰凉，奶制品的丰腴浓香与水果的鲜甜多汁相结合，有多么美好。这种吃法一直绵延到宋元。辛弃疾的《菩萨蛮·

（唐）房陵公主墓中出土的壁画《托果盘侍女图》，藏于陕西历史博物馆

坐中赋樱桃》说："香浮乳酪玻璃碗，年年醉里尝新惯。"这糖酪浇樱桃有雪白和莹红交织衬托，配以玻璃碗更加适合边吃边欣赏了。

唐人制作甜点还讲求造型。"烧尾宴"的食单上有一道甜点叫作"巨胜奴"。"巨胜"是胡麻的一种，也就是今天的黑芝麻。这个奇怪的名字，后世注解为"酥蜜寒具"。《齐民要术》关于寒具的解释，是种油炸的面食，在寒食节期间食用，因而得名。"酥"是前面所说的"酪"煎炼后的产物。它大致的制作过程，是用面粉混合水、牛羊的乳汁和蜂蜜，或者用熬煮的红枣汤来代替蜜汁，再进行油炸定型，最后撒上芝麻。学者张金贞推测，它很像今日北方的炸馓子。"寒具嚼着，惊动十里人"，这是寒具入口时的酥脆效果。

"酥"这种奶制品冷却之后也方便雕琢成各种形状，有点像西点店里形形色色的奶油制品。"烧尾宴"上另有一道叫作"玉露团"的甜点，旁边标注"雕酥"，就是把乳酪冻定型之后再做雕刻和彩绘。唐代有一种现代冰淇淋的雏形，叫作"酥山"——它是把冰块凿碎，再将液体状态的“酥”淋在碎冰上，上面还可以插一些花草之类的装饰品。章怀太子墓出土的壁画仕女图中，关于仕女手中捧着的盆景究竟是什么东西一直有争议。陕西历史博物馆的专家认为那就是用植物装饰了的“酥山”，用来夏天消暑。

“烧尾宴”的另外一道甜点，名叫“赐绯含香粽”。绯，就是红颜色，有尊贵之意。《旧唐书》中有关于百官服饰的规定：“三品以上服紫，五品以上服绯。”所谓“赐绯”，也就是皇帝对不够资格服绯的官员以特别的恩赐，以示表彰。张金贞提到，“唐玄宗把骰子上的四点饰以朱色曰赐绯，粽子被赐绯也就不足以为奇了”。今天陕西有种蜂蜜凉粽，里面不含任何馅料，是光洁莹白的一枚，吃的时候洒上琥珀色的蜂蜜、桂花糖，还可增加少许玫瑰花瓣。这大概就是当年“赐绯含香粽”的面貌。

要论甜点的精致程度，虢国夫人府中的透花糍凭借着朦胧含蓄的美感可拔得头筹。它由一位名为邓连的家厨所创制。根据《云仙杂记》记载，透花糍的外皮是选用“炊之甑香”的吴兴米，馅料则是“食之齿醉”的白马豆，去掉豆皮，捣成细沙，放置在模具中，做出花朵的形状。透花糍得名于花朵形的豆馅在半透明的表皮下，若隐若现的效果。

唐朝的食物，不光满足人们舌尖上的需求，还要带来审美的视觉愉悦，因为它本身已经超越了饱腹的需求，是想象力的飞跃。

参考资料：

张金贞 . 另类唐朝：用食物解析历史 . 杭州：浙江大学出版社，2018.

薛爱华 . 撒马尔罕的金桃 . 吴玉贵，译 . 北京：社会科学文献出版社，2016.

王赛时 . 唐代饮食 . 济南：齐鲁书社，2003.

图书在版编目（CIP）数据

唐朝的想象力：盛唐气象的 7 个侧面 / 蒲实，丘濂编著；-- 北京：中信出版社，2020.8

ISBN 978-7-5217-1863-8

Ⅰ．①唐… Ⅱ．①蒲… ②丘… Ⅲ．①中国历史－研究－唐代 Ⅳ．① K242.07

中国版本图书馆 CIP 数据核字（2020）第 076151 号

唐朝的想象力——盛唐气象的 7 个侧面

编　　著：蒲　实　丘　濂

出版发行：中信出版集团股份有限公司

（北京市朝阳区惠新东街甲 4 号富盛大厦 2 座　邮编　100029）

承 印 者：北京盛通印刷股份有限公司

开　　本：880mm×1230mm　1/32　　印　　张：8　　字　　数：107 千字

版　　次：2020 年 8 月第 1 版　　印　　次：2020 年 8 月第 1 次印刷

广告经营许可证：京朝工商广字第 8087 号

书　　号：ISBN 978-7-5217-1863-8

定　　价：65.00 元